KB274340

경영혁신 공정표

경영혁신 공정표

펴 냄 2010년 8월 10일 1판 1쇄 박음 / 2010년 8월 15일 1판 1쇄 펴냄
지은이 기시라 유지(岸良裕司)
옮긴이 최원준 · 김경현
펴낸이 김철종
펴낸곳 (주)한언
　　　　등록번호 제1-128호 / 등록일자 1983. 9. 30
주 소 서울시 마포구 신수동 63-14 구 프라자 6층(우 121-854)
　　　　전화. 02)701-6616(대) / 팩스. 02)701-4449
책임편집 배상현
디자인 정현영 · 양미정 · 백은미 · 하현지 · 김문정
홈페이지 www.haneon.com
이메일 haneon@haneon.com
　　　　· 이 책의 무단전재 및 복제를 금합니다.
　　　　· 잘못 만들어진 책은 구입하신 서점에서 바꾸어 드립니다.
ISBN　　978-89-5596-584-1　　13320

WA : TRANSFORMATION MANAGEMENT BY HARMONY

경영혁신 공정표

기시라 유지(岸良 裕司) 지음 | 최원준 · 김경현 옮김

한ᄅ

바야흐로 속도전, 즉 '스피드 경영'만이 해법인 시대다. 하지만 어떻게 스피드 경영을 실천할지 명확한 길을 찾기란 어렵다. 의사소통도 잘돼야 하고 팀워크도 좋아야 하며 부서 간 공조도 잘 이뤄져야 한다. 하지만 우리가 종종 놓치는 게 있다. 우리의 목적을 어떻게 하면 전사적으로, 그리고 프로젝트 수행 기간 내내 공유할 것인가 하는 문제다. 이는 크게는 경영, 작게는 프로젝트 관리의 기초다. 이 책은 이러한 기초를 탄탄히 하기 위해 조직의 구조화된 문제부터 프로젝트 프로세스상의 오류와 비효율까지 돋보기를 대고 세심하게 관찰했다. 이 책은 분명 일선 기업의 경영진과 관리자들에게 진정한 스피드 경영을 위한 영감을 제공할 것이다.

_ 윤덕균 (㈜한국TOC협회 회장 · 한양대학교 교수)

경영 혁신이라는 말은 늘 복잡하고 어렵게 다가온다. 아무리 정교한 경영 이론을 따라도, 경영 혁신은 실패 확률이 높다. 어떻게 하면 진정으로, 그리고 지속적으로 경영 혁신을 이뤄낼 수 있을까. 이 책은 이런 숱한 고민을 말끔히 해결해준다. 저자는 기업이 혁신 조직으로 가는 데 방해 요소가

되는 것들을 조목조목 짚어내는 동시에 디테일한 해결책을 제시해준다. 저자가 제시하는 쉽고 구체적인 방법들을 따라하다보면 단연코 1등 조직으로 거듭날 수 있을 것이다.

프로젝트란 결국 사람이 하는 것이다. 맞다. 그런데 현장에선 이것이 종종 간과된다. 사람이 성장해야 프로젝트가 성공한다. 당연하다. 그러나 실천하기 어려운 얘기다. 여기에 대해 저자는 명쾌한 처방을 내린다. 같은 목적을 향해 함께 협력하고, 서로 자신의 일정과 업무를 적나라하게 공유하며, 도움이 필요한 사람에게 제때 도움이 가도록 할 때 자연히 프로젝트는 성공하고 기업은 번영한다. 저자는 이러한 상식을 이 책을 통해 현실화했다.

리스크와 납기를 줄이는 동시에 팀의 성과와 사기를 올릴 수 있을까? 프로젝트가 성공 또는 실패했다고 했을 때 그 평가 기준은 뭘까? 소위 '발전적 해체'라고 불리는 프로젝트를 줄이려면 어떻게 해야 할까? 프로젝트 현장에서 겪는 난해한 고민들이다. 그러나 이 책을 보고 왜 그동안 납기가 지연됐는지, 왜 프로젝트의 목표가 잘 공유되지 않았는지 이해하게 됐다. 또 프로젝트 프로세스상에서 우리가 할 수 있는 혁신 요소를 찾아냈다. 참으로 고마운 책이다.

어떤 지식이든 실제로 적용해보고 고민해본 사람의 글은 그냥 배워서 아는 사람의 글과는 구별되는 설득력이 있다. 저자는 수많은 일본 기업 현장에서 실제 발생하고 있는 여러 문제에 CCPM을 적용하면서 느꼈던 기업의 각종 고민을 생생하게 담았으며, 그 대응책을 명쾌하게 제시하고 있다. CCPM은 아직 초기 단계여서 연구해야 할 구체적인 주제들이 많이 있다. 우리나라에서도 제약 이론, 특히 CCPM을 기업에 적용하기 위해 많은 분들이 이를 붙들고 씨름하여 이 책의 저자를 능가하는 현업 전문가들이 많이 나오기를 기대한다. 역자들이 CCPM에 정통하여 번역도 훌륭하다.

_ 임석철 (아주대학교 교수)

프로젝트를 수행하다 보면 납기가 지연되는 경우가 많다. 각자 어떤 업무를 맡았는지 불명확할 때가 많고 책임 소재도 불분명하다. 가장 안타까운 건 프로젝트가 막바지에 이르러서야 리스크를 파악한다는 점이다. 이와 같은 시행착오가 반복됐다면 이 책에서 말하는 '준비가 8할', '목표 공유', '여유 공유' 등을 실천해 보기를 제안한다. 연구 효율성 향상에 도움이 될 것이다.

_ 조한석(효성기술원 전략기획팀 팀장)

사람의 심리, 조직의 생리에 대한 저자 특유의 예리한 관찰력이 돋보인다. 특히 이른바 '프로젝트의 심리학'을 디테일하게 다루고 있다. 기본적으로 사람들이 책임감을 갖고 업무에 임한다는 사고방식, 각자 숨기고 있던 일정상의 여유를 모두 공유함으로써 상당한 수준의 팀워크가 가능해진다는 논리는 획기적이다. 인간 중심의 조직 운영을 고려하면서도 과학적이고 효율적으로 프로젝트를 수행하고자 골몰하고 있는 관리자들에게 아주 유익한 프로젝트 관리 지침서다.

_ 배경호 (한국전력공사 R&D TDR Leader)

TOC는 실용적인 경영 이론이라 생각한다. TOC의 프로젝트 경영 솔루션인 CCPM도 그중 하나이다. 안전 여유 시간을 인재 육성의 관점에서 생각하고, 공유해야 할 목표를 ODSC로 제시하고 있어서 매우 참신하면서도 TOC-CCPM의 실용성을 높여준다. 프로젝트 관리에 어려움을 겪고 있는 많은 경영자들에게 실무 지식을 선사할 것으로 기대한다.

_ 정남기(한국TOC경영아카데미 원장 · 전남대학교 교수)

기업의 문제는 사실 원인-결과 관계를 명료하게 찾으면 해결된다. 우린 늘 이러한 발견에 목말라했다. 이제 이 책으로 그러한 갈증을 해소하게 됐다. 저자처럼 '공정표'를 작성하게 되면 기업이 프로젝트를 수행하는 과정에서 나타나는 제약 요소를 명확한 원인-결과 관계로 알아낼 수 있다. 이렇게 함으로써 자연히 리스크는 줄이고 성과는 올릴 수 있다. 프로젝트 관리의 돌파구를 찾고 있다면 반드시 이 책을 읽어보라.

_ 김상현 (한국전자통신연구원 품질혁신팀 팀장)

오늘도, 미래에도 지속적으로 성과를 내고 싶은가? 매일매일 도전적이고 유쾌한 조직을 만들고 싶은가? 이 두 마리 토끼를 잡을 묘책이 이 책에 있다. 팀 내뿐만 아니라 부서 간, 그리고 전사적으로 조화, 협력, 의사소통을 중시하면서도 각각의 프로젝트에 대해 효율적으로 팀워크를 발휘해 베스트 프랙티스를 만들어낼 수 있는 프로젝트 관리 기법! 이는 바로 우리 모두 원해 마지않던 것이 아닌가!

_ 장성용 (서울산업대학교 교수)

경영, 프로젝트 관리라는 딱딱할 수 있는 소재를 우화처럼 알기 쉽게 풀어내고 코믹한 삽화까지 곁들여 사람들의 행태를 재밌게 설명하고 있다. 술술 읽다 보면 왜 프로젝트 담당자부터 경영진에 이르기까지 늘 일정에 쫓기고 성과가 없을까 노심초사했는지 쉽게 이해하게 된다. 특히 기업의 자산은 사람이라는 저자의 변함없는 주장에 박수를 보낸다. 그의 주장은 명백히 실현 가능하다. 이제 저자가 설명한 전사적인 조화를 위해 프로젝트를 관리할 것이다. 여러분도 이 책을 통해 곳곳에서 웃음꽃이 피는 기업의 모습을 만들어가기 바란다.

_ 신호연 (삼성전기 부장)

빠른 자가 느린 자를 제압한다

격변하는 글로벌 경영 환경에서 우리 기업의 화두는 무엇인가? 다름 아닌 '스피드 경영'이다. 이제는 강한 자가 약한 자를 제압하는 것이 아니다. 빠른 자가 느린 자를 제압한다. 이같이 스피드 경영이 대세인 요즘, 막상 스피드 경영의 방법론에 목말라 하던 중 지난 20여 년 동안 소리 없이 꾸준히 발전해온 TOC-CCPM에 대한 실무서가 번역 출판된 것은 참으로 다행스러운 일이다. TOC-CCPM이 아직 많이 보급되지 않은 국내 현실에서 프로젝트 형태로 업무를 수행하는 많은 기업이나 공공 기관의 관리자와 경영자들에게 이 책이 단비가 돼줄 것이다.

이 책은 2009년도 한국TOC경영컨퍼런스에서 TOC 사고 프로세스(Thinking Process)에 대한 새로운 접근으로 신선한 자극을 줬던 기시라유지 씨의 프로젝트 현장 지도 경험 노하우가 고스란히 녹아 있는 TOC-CCPM 프로젝트 관리에 관한 실무서다. 이 책에도 언급되었지만 경영의 성패는 프로젝트의 성공 여부에 따라 판가름 난다. 수많은 프로젝트를 어떻게 관리해서 성공으로 이끄느냐가 경영의 열쇠인 것이다.

이 책은 '프로젝트 관리'라는 화두로 프로젝트와 경영의 본질을 설파하고 있다. 특히 프로젝트 일정 관리에 대해 구체적인 방법론을 제시한다. 책에는 '프로젝트는 결국 사람이 하는 것'이란 말이 수차례 나온다. 프로젝트를 수행하는 사람들의 심리를 읽고 어떻게 하면 그들이 좀 더 의욕적이고 효율적으로 작업에 임할 수 있도록 할 수 있는지 알기 쉽게 설명한다.

스피드 경영의 관건은 일의 우선순위를 정하는 것이다. 이를 위해 필수적인 것이 원활한 의사소통이다. 저자 역시 프로젝트 현장에서 일의 우선순위를 강조하며, 경영진과 프로젝트 멤버들의 상황 인식의 차이를 자세하게 논하고 서로 조화를 이루면서 해결책을 찾을 수 있다고 주장한다.

저자가 일본 국토교통성의 공공사업 부문에 CCPM을 적용한 사례를 담은 '윈-윈-윈 공공사업 혁신'이라는 내용이 이 책 부록에 실려 있는데, 특히 '일일 대응 프로젝트(One Day Response Project)'라는 말이 눈에 띈다. 건설업체와 정부 관료와의 관계에서 여러 가지 크고 작은 문제가 발생하기 마련인데 이러한 문제들에 대한 가장 강력한 해결책은 주민 또는 업체 문의에 즉시 답변하는 것이라고 결론짓는다. 또한 해결 방향이 맞는지 확인하기 위해 TOC 도구인 사고 프로세스의 미래 상황 나무(FRT, Future Reality Tree)를 사용했다. 이 그림을 통해서 우리는 '일일 대응 프로젝트'가 어떻게 공공사업의 본분을 되찾을 수 있게 했는지 알 수 있다. 이는 일반 기업체의 프로젝트 현장에도 훌륭한 팁이 될 수 있는 내용이다.

모쪼록 스피드 경영을 추구하는 일선 기업의 중견 간부, 경영자, 그리고 공공 부문에서 프로젝트 업무를 관장하는 정부 관료, 연구개발(R&D)부문의 기획 관리자와 CEO 등 여러분들이 이 책에서 영감을 찾으시기를 바란다.

_ 윤덕균 ((사)한국TOC협회 회장 · 한양대학교 교수)

살아남으려면 반드시 변화해야 한다

기업의 목표는 현재에도 미래에도 '이익을 내는 것'이다. 각 기업은 이를 실현하기 위해 치열한 경쟁에서 살아남아야 한다. 살아남으려면 반드시 '변화'해야 한다. 생물학자 찰스 다윈이 언급한 '살아남은 종은 가장 강한 종도 가장 영리한 종도 아니다. 변화에 가장 잘 적응하는 종만이 살아남는다.'는 말이 이를 잘 증명한다.

이 책은 TOC 기반의 프로젝트 관리 솔루션인 CCPM 기법을 일본의 화(和) 정신과 접목해 알기 쉽게 설명했다. CCPM 기법은 지금까지 프로젝트 관리 도구로서 사용되고 있는 PERT/CPM 기법에 비해 자원의 능력을 감안해 실질적인 일정을 세우고 관리 부분을 최소화한 시스템이다. 이는 프로젝트 관리자로 하여금 과도한 상세 업무의 늪에 빠져 볼 수 없었던 전체를 바라볼 수 있게 하여 실질적인 관리를 가능하게 한다. 구체적으로 CCPM을 적용하면 프로젝트 기간의 단축, 각종 프로젝트 비용의 절감과 품질의 향상, 의사소통 기반 조성을 통한 조직원의 사기 진작, 공유된 책임감과 강한 팀워크 정신 배양 등의 효과를 거둘 수 있다.

프로젝트 관리를 잘한다는 것은 뭘까. 바로 문제가 발생한 후에 대책을

수립하는 것이 아니라 문제가 생기지 않도록 사전에 철저히 관리하는 것
이다. 특히 이 책은 다양한 벌레들이 등장하는 삽화를 적절히 이용하여 독
자들이 이해하기 쉽고 친근하게 느낄 수 있도록 배려하였다는 점이 독특
하다.

TOC에 많은 관심을 갖고 있는 본인도 기시라 유지가 쓴 《전체최적의 문
제해결을 위한 씽킹 프로세스》와 함께 본 책자가 현대중공업의 맞춤형 경
영혁신기법 개발 시 좋은 지침서 역할을 했다는 점을 밝혀둔다.

이론과 실무를 겸비한 저자가 쓴 이 책을 더 흥미 있게 읽기를 원하는
독자들에게 TOC와 TOC 사고 프로세스 관련 서적을 함께 읽어볼 것을 권
하고 싶다.

_ 정귀훈 (현대중공업 경영혁신사무국 부장)

'3자가 좋은 **공공사업**'의 힘

제가 가장 존경하는 친구 중 한 명인 기시라 유지 씨가 이번에 한국에서 저서 《Wa : Transformation Managment by Harmony》를 번역 출판했다고 들었습니다. 이 책은 프로젝트 매니지먼트 방면에서 세계적으로 호평을 받고 있는 명저로서 한국 독자들에게도 큰 도움이 될 것입니다. 저자는 제가 속한 일본 국토교통성의 공공 토목공사 공정 관리뿐 아니라 수많은 일본 기업에 골드랫 박사의 TOC이론을 적용해 성과를 거둬왔습니다.

일본 공공사업 예산의 80%를 집행하고 있는 국토교통성은 종래 공공 토목공사의 공정 관리에 많은 관심을 갖고 몰두해왔습니다. 2005년 여름, 우연히 기시라 유지 씨를 만나 4시간 동안 의견을 나눴고, 그 결과 '3자가 좋은 공공사업 혁신'이라는 안(案)이 탄생했습니다.

'3자가 좋은 공공사업 혁신'이라고 하는 것은 '각각의 공공사업에서 공기 단축을 실현하면 발주자(정부), 수주자(시공업체), 납세자 3자가 이익을 보게 된다'는 생각입니다. 공기 단축은 발주자, 수주자가 현장에서 공유할 수 있는 목적입니다. 서로 공유한 목적을 실현하기 위해 발주자는 수주자가 요청하는 협의 사항에 대해 1일을 원칙으로 해 회답(이러한 행위를 '일일 대응(One Day Response)'이라고 부르고 있습니다.)하고, 수주자는 CCPM 등을 이용해 철저한 공정 관리를 행합니다.

2006년, 당시 제가 속해 있던 홋카이도 개발국에서 일일 대응을 15건 시행하여 효과를 검증한 후 2007년부터 국토교통성의 모든 공사로 확대 시행했습니다. 이 사이 지방자치단체에도 보급해 대부분의 도·부·현에서 시행됐으며 몇몇 현에서는 모든 공사에 적용하고 있습니다.

2009년 11월, 동경에서 개최된 TOC 국제 컨퍼런스에서 세계 각국 300여 명 참가자에게 이 국토교통성의 대처법을 소개할 기회가 있었습니다. 그때 생각지도 못하게 'Special Recognition Award'를 수여받은 영예를 입어, 더욱더 열정적으로 추진해야겠다는 결의를 새롭게 다질 수 있었습니다.

기시라 유지 씨로부터 한국의 여러분들도 '3자가 좋은 공공사업 혁신', '일일 대응'에 흥미와 관심이 있다고 들었습니다. 일본의 대처법도 아직 발전 단계고, 전국적으로 실행되면서 다양한 해결 과제가 밝혀지고 있습니다. 해결 과제가 밝혀진다는 것이 중요합니다. 문제의 근본 원인을 계속 찾아가면서 점차 시정해야만 효과적인 방법을 발견할 수 있고, 보다 큰 성과를 낼 수 있기 때문입니다.

한국의 독자 여러분. 기회가 있으면 꼭 일본에 와주십시오. 여러분과 국민의 삶을 좋게 하기 위한 의견을 나누고 싶습니다.

일본 국토교통성 홋카이도 국장
_ 오쿠다이라 히지리

화^和를 존중하라

내가 쓴 《目標を突破する 実践プロジェクトマネジメント, 목표를 돌파하는 실천 프로젝트 매니지먼트》가 2005년 일본에서 출판된 후 많은 곳에서 이 방법을 적용해 성공한 사례를 보내왔다. 이는 내 예상을 훨씬 뛰어넘는 것이다. 이 책은 크리티컬 체인(Critical Chain)이라고 하는 프로젝트의 전문적 영역에 초점을 맞춘 것인데 예상 외로 일본에서 경영 부문 베스트셀러가 됐다. 책의 판매 실적보다 나를 놀라게 한 것은 "정말 진정한 경영서입니다."라든가 "최고의 자기계발서입니다."와 같은 독자들의 반응이었다. 성공 사례를 들어보면 '수개월 만에 수천만 원의 이익 증대' 등 뛰어난 성과가 있었는데도 그들 대부분은 이익 자체를 성공으로 생각하지 않았다. 사실 많은 독자들의 코멘트는 다음과 같았다.

"물론 이렇게 단기간에 이익이 극적으로 증가했다는 데 저도 놀랐고 기쁩니다. 그러나 훨씬 더 중요한 것은 바로 사람들이 개인적, 전문적으로 성장했다는 겁니다. 전사적으로 팀워크가 널리 확산되고 의욕이 넘치게 됐습니다. 이것은 제가 늘 고대했던 우리 회사의 모습입니다!"

저자는 독자로부터 배운다고 한다. 책이 출간된 이후 나는 독자들로부터 엄청난 가르침을 받아왔다. 진심으로 감사드린다.

이번에 한국에 번역 출판된 이 책의 원제는 《WA : Transformation Management by Harmony》이다. 이 책은 TOC(Theory Of Constraints), 제약 이론 CCPM(Critical Chain Project Management)에 기초하고 있다. TOC 자체는 매우 흥미롭다. 사람들이 TOC에 대해 갖고 있는 견해는 아주 다양하다.

- TOC는 기존 경영 방식들과는 아주 다른 혁신적 아이디어다.
- TOC에는 새로운 것이 전혀 없다. 이것은 상식일 뿐이다.

나는 여러 해 동안 TOC를 배우고 실행해왔다. 솔직히 말해 나는 늘 위 두 가지 견해가 옳다고 생각했다. 필자의 친구인 자메이카계 미국인 힐버트 로빈슨(Hilbert Robinson)이 어느 날 재미있는 말을 했다. "TOC는 상식이다. 그러나 보통 '실행'되지 않고 있다." 이 말에 나는 눈이 번쩍 뜨였다. 그렇다. TOC는 상식이다. 그러나 상식을 일상생활에서 실천하기는 대단히 어렵다.

우리는 '상황이 어떤 모습이 되어야만 하는지'는 분명히 알고 있다. 또한 우리가 '무엇을 해야 할지' 알고 있을 때도 많다. 그러나 우리가 변화의 여정에 착수하면 곧바로 다른 사람들과 총론에 관해서는 의견이 일치하지만 해결의 각론에 대해서는 의견이 불일치하는 현실에 빠지게 된다. 문제 때문에 사람들이 행동을 회피하고 있을 때 상식을 실행하기는 진짜 어렵다. 우리가 전혀 어정쩡한 타협 없이 서로 기쁨을 함께하고 조화롭게 협력하면서 윈-윈(Win-Win) 방식으로 갈등을 해결할 수 있다면 얼마나 좋겠는가!

나는 이 말이 우리가 생각하는 것보다 더 우리의 일상생활을 지배하고 있다고 느낀다. 나도 정면 대결을 전혀 좋아하지 않음을 인정한다. 개인적으로는 우정을 매우 좋아한다. 그러나 변화 과정에서 정면 대결이 불가피할 때가 있다. 이 책에서 화(和) 정신을 통해 어떻게 정면 대결을 할 수 있는지, 어떻게 하면 성공적으로 그리고 즐겁고 행복하게 변화할 수 있는지를 다루고자 한다.

이 책의 목적은 아주 단순하다.

- 프로젝트에서 팀워크를 강화한다.
- 프로젝트 멤버, 매니저, 경영진 사이에 공통 목표가 있는 조직 문화를 불어넣고 공통 목표를 달성하기 위해 서로 협조하도록 한다.
- 프로젝트 리더들이 서로 협조하는 조직을 만든다.
- 인간관계를 중시하는 조직을 만든다.
- '사전 관리'(너무 늦기 전에 조치를 하는 것)와 '준비가 8할'('프로젝트 성공의 8할은 사전 준비 계획에 달려있다'는 의미)을 실천함으로써 협조적인 방식으로 문제를 해결한다.
- 프로젝트 멤버들과 경영진 모두 전체적인 관점에서 의사 결정을 내리게 한다.
- 프로젝트가 진행되는 동안 경영진을 포함해 모든 사람들이 개인적, 전

문적으로 성장하게 한다.

– 즐겁고 조화롭게 일을 처리하게끔 한다.

– 자신에 대해 더 긍정적으로 느끼게 한다.

이 책의 모든 내용은 또한 '의사소통과 협력'에 기초하고 있다. 나는 크리티컬 체인은 의사소통과 협력을 증진시키는 도구라고 생각한다. 크리티컬 체인은 단순한 프로젝트 관리 기법이 아니다. 이것은 화(和) 정신의 중요성을 보여준다. 이 점을 강조하고 싶다.

이 책에서 가급적 어려운 기술적 용어를 쓰지 않으려 했다. 프로젝트를 실행하는 사람은 바로 '보통 사람들'이다. 그래서 회사 직원과 경영진이 사용하는 기술적 용어들은 문제 해결에 도움이 되기보다는 혼란을 야기할 수 있다. 게다가 사람들이 어려운 용어를 사용해서 이야기를 하면, 이를 제대로 이해할 수 없는 사람들은 실제 실행에 옮기지는 못하면서 피상적으로 그 같은 용어를 쓰게 된다. 이 같은 이유로 보통 사람들이 프로젝트 목표를 초과 달성할 수 있도록 하는 데 목적을 두고 이 책을 썼다.

혁신은 '재창조'라고 생각한다. 구체적으로 말하면 혁신은 조직을 긍정적으로, 심지어 재미가 있도록 변화시키는 것이다. 이것이 재창조다. 매일매일이 새로운 날이고 성장할 수 있는 기회다. 독자 여러분이 '화(和) 혁신경영'을 실행할 것을 열정적으로 권장한다. 나도 당신의 그 여정에 신나게 동참하겠다.

_ 기시라 유지(岸良 裕司)

프로젝트 관리의 도약을 위하여

사람의 역사는 프로젝트로 시작되었다. 성을 쌓는다든가 전쟁을 치르는 것 모두 프로젝트다. 우리는 개인의 삶이나 직장에서 수많은 프로젝트와 부딪친다. 프로젝트는 일회성 과제로서 시작과 끝이 있다. 일회성이라는 특성으로 말미암아 불확실성은 프로젝트에서 피할 수 없는 것이다. 그래서 프로젝트 관리가 어렵다.

프로젝트 관리를 잘하기 위해 많은 접근법이 시도되었다. 이러한 접근법 대부분은 정교하고 복잡한 시스템을 선호한다. 문제가 복잡하게 보일수록 성과를 내는 데에는 정교하고 복잡한 솔루션이 효과적이라고 보기 때문이다. 그러나 이러한 희망과는 달리 프로젝트 수행의 성과는 '2(3)법칙'과 같이 나쁘게 나오고 있다.

TOC의 제창자로 유명한 이스라엘 출신의 골드랫 박사는 기존 방법들과는 다른 접근법을 제시하였다. 이것이 바로 CCPM이다. 골드랫 박사는 프로젝트 관리에서 흐름 중심의 관리를 가장 중시한다. 그는 이를 위해 빠르게 프로젝트를 진행하면서도 원하는 품질과 예산을 만족시킬 수 있는 프로세스를 제시하였다. 이 프로세스의 핵심은 프로젝트에서 제약을 찾고 프로젝트 관리의 모든 노력을 이 제약을 중심으로 기울이는 것이다. 또한 골드랫 박사는 프로젝트 관리를 제대로 하려면 프로젝트에 관련된 사람들의 심리를 올바르게 반영해야 한다는 것을 예리하게 간파하였다. 요컨대 CCPM은 프로젝트의 심리학을 반영한 제약 중심 관리 프로세스를 말한다.

TOC의 프로젝트 관리 기법은 세계적으로 프로젝트 경영에서 혁신적 방식으로 인정받고 있다. 해리스 반도체, 인텔, 루슨트 테크놀로지, NASA, 시게이트, BAE 시스템 등 수많은 기업 및 기관의 신제품 개발, 엔지니어링, 수주 관리, 공장 건설 등의 프로젝트 관리에서 획기적인 성과를 내는 데 이바지하였다. 한 예로 미국 워너로빈스 항공병참센터에서의 경영 성과를 들 수 있다. 미군 수송기와 전투기의 수리를 맡는 이 센터에서는 수송기 중 가장 크다고 하는 C-5의 평균 리드타임을 기존 방식을 도입하여 390일에서 240일로 줄일 수 있었다. 더는 리드타임이 줄어들지 않는 정체 상태에서 TOC 프로젝트 관리 방식을 적용하여 리드타임을 171일로 줄이는 데 성공하였고 지금도 지속적으로 줄여나가고 있다. 그 성과로 2006년도 신고(Shingo) 상과 에델만(Franz Edelman) 상을 받았다. 일본에서도 기업과 공공 기관에서 CCPM을 많이 활용하고 있다. 우리나라도 근래 들어 한국전자통신연구원(ETRI)을 비롯해 CCPM을 적용하는 기관이 늘어나고 있고 CCPM에 대한 관심도가 높아지고 있다.

그런데 국내에서 TOC 프로젝트에 관한 책은 골드랫 박사의 저서인 《한계를 넘어서 Critical Chain》를 제외하고는 거의 찾아보기 힘들다. TOC 프로젝트 관리에 관한 유용한 정보 전달을 위해서 기시라 유지의 저서 《WA : Transformation Management by Harmony, North River Press,

2009》를 번역하게 되었다. 이 책은 골드랫 박사가 극찬했을 정도로 TOC 프로젝트 관리의 핵심을 잘 전달하고 있다. 보통 프로젝트 관리의 성과라고 할 때 납기 만족, 예산 절감, 이익 개선 등을 들고 있는데, 이 책에서 말하는 수준은 이러한 것들을 훨씬 뛰어넘는다. 납기, 예산, 이익 면에서 탁월한 성과를 거두면서도 프로젝트 멤버들의 개인적, 전문적 성장과 더불어 직장 문화에 조화, 평화가 달성되는 단계까지 고려한다. 즉, 인간 중심 경영을 실현할 수 있다.

저자는 오랜 기간 일본 기업과 공공 기관에서 수행한 수백 건의 프로젝트에 CCPM을 적용한 경험을 바탕으로 이 책을 저술했다. 이 책의 부록에 소개된 '윈-윈-윈 공공사업 혁신'은 TOC 프로젝트 관리의 성공 사례로 손꼽히고 있으며 2007년 4월 일본 정부의 국책으로 정식 채택되어 현재까지 일본 국토교통성, 지자체, 건설업체 등에서 지속적으로 진행되고 있다.

이 책은 기술적인 지식을 전달하는 수준을 넘어서 CCPM의 핵심 원리를 실무적인 측면에서 이해하기 쉽게 전달하고 있다. 이 책을 읽으면 왜 기존 프로젝트 관리가 실패할 수밖에 없는지, 또한 왜 CCPM이 프로젝트 관리의 새로운 대안이 될 수 있는지 이해할 수 있을 것이다. 독자 여러분은 이 책을 일반적 프로젝트 관리의 지침서뿐만 아니라 경영 혁신의 성공적 진행을 위한 기본서로도 활용할 수 있다. 제품 수명 주기가 점점 단축되고 경쟁이 심화되어 스피드 경영의 중요성이 어느 때보다도 강조되는 현실에서 이 책이 우리의 프로젝트 관리가 도약할 수 있는 계기가 되기를 바란다.

모든 독자가 이 책을 즐길 수 있기를 빌며….

_ 역자 일동

Contents

회사 안에 있는 벌레들

프로젝트를 수행할 때 흔히 듣는 불평은 다음과 같다.

- 예산이 충분하지 않다.

- 자원이 충분하지 않다.

- 고객으로부터 제때 대답을 듣지 못한다.

- 모든 프로젝트 관계자 사이에 정보를 제때 공유하지 못한다.

- 공급업자로부터 제때 납품을 받지 못한다.

- 프로젝트를 수행하는 동안 프로젝트 범위가 자꾸 바뀐다.

- 다른 사람들로부터 지원을 받지 못한다.

- 경영진의 지원을 받지 못한다.

이러한 문제점들이 오랜 기간 풀리지 않고 있으면 '할 수 없어(Can't do) 벌레'와 '해야만 돼(should) 벌레'가 어디에나 나타나기 시작하는 등 상황이 매우 심각해진다.

'할 수 없어 벌레'는 힘없는 목소리로 "할 수 없어, 할 수 없어…"라고 계속해서 노래한다. 한편 '해야만 돼 벌레'는 좀 다르게 노래를 부른다. '해야만 돼 벌레'는 "우리는 …을 해야만 돼, 당신은 …을 해야만 돼, 우리 경영진은 …을 해야만 돼."같이 "해야만 돼, 해야만 돼, 해야만 돼…"라고 노래한다.

'할 수 없어 벌레'와 '해야만 돼 벌레'는 위 그림을 보면 알겠지만 생김새가 비슷하긴 한데 '해야만 돼 벌레'가 머리가 더 크고 안경을 쓰고 있는 것으로 구분할 수 있다. '해야만 돼 벌레'는 또 여러 가지 경영서를 손에 들고 있을 때가 많다. 무슨 이유에서인지 '해야만 돼 벌레'는 XYZ 경영 기법과 같이 세 글자로 된 약어를 쓰는 습관에 빠져 있는 경향이 있다.

이 두 벌레는 종류가 다른 것으로 분류된다. 하지만 다음과 같은 공통점이 있기 때문에 조상이 같으리라고 추정된다.

- 구멍과 구석에서 활동한다.
- 축축한 곳(대화)을 좋아한다.
- 안전지대에서 나오려 하지 않는다.

– 항상 자신의 영역 밖에서 문제점을 찾으려 한다.

– 전염성이 아주 강하다.

오랜 기간의 연구 결과 다음 두 곳이 주된 감염 경로임이 밝혀졌다.

– 흡연실

– 회사 근처 싼 선술집

회사 근처 싼 선술집에 관해서는 각별한 주의를 요한다. 최근 연구에 따르면 감염 확률은 1인당 3만 원 미만의 예산으로 갈 수 있는 싼 선술집에서 극적으로 증가한다고 한다. 이런 곳에서 사람들이 회사 프로젝트에 관해 토론하면서 '할 수 없어 벌레'와 '해야만 돼 벌레'를 퍼트리는 경우가 많기 때문이다.

이 같은 감염에 대응하기 위해 최근 획기적인 처방이 나왔다. 바로 1인당 6만 원이 넘는 예산으로 맛있는 식사를 할 수 있는, 그것도 와인 같은 고급 음료를 곁들일 수 있는 식당에 가는 것이다. 이 정도 식당이라면 회사 프로젝트 같은 것을 이야기하면 음식 맛을 버릴 수 있기 때문에 자연스레 취미 같이 더 흥미로운 대화 주제를 택할 것이다. 하지만 나는 최근 이보다 훨씬 더 효과적인 처방을 알게 됐다. 바로 미녀들이 옆에서 서비스하는 1인당 10만 원이 넘게 드는 식당에 가서 꿈과 사랑에 관해 이야기하는 것이다. 개인적으로 괜찮아 보인다. 언젠가 한번 해보고 싶다.

_ 기시라 유지(岸良裕司)

PART 01

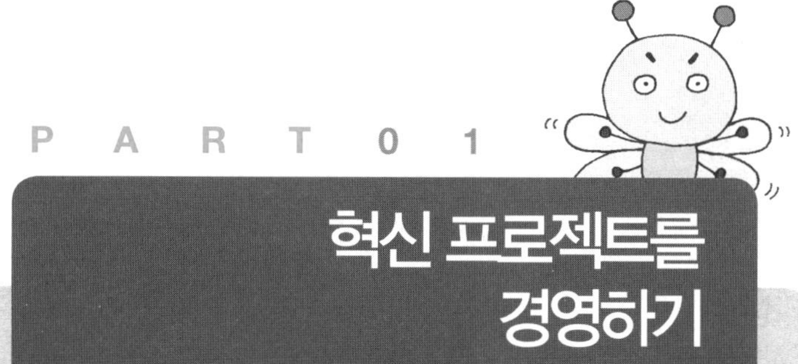
혁신 프로젝트를
경영하기

1 **경영**과 **프로젝트** 간의 밀접한 관계

경영 혁신 프로젝트, 인사 시스템 프로젝트, 중기 경영 계획 프로젝트, 원가 절감 프로젝트, 생산성 향상 프로젝트, 대량생산 프로젝트, 수율 개선 프로젝트, 리드타임 단축 프로젝트, 공급망 관리(SCM, Supply Chain Management) 프로젝트, 식스 시그마 프로젝트, 균형성과지표(Balanced Scorecard) 프로젝트, 신상품 개발 프로젝트, 연구개발(R&D) 프로젝트, 마케팅 프로젝트, 브랜드 관리 프로젝트, 행정 혁신 프로젝트….

경영과 프로젝트는 떼려야 뗄 수 없는 밀접한 관계를 맺고 있다. 경영 실무에서는 수없이 많은 프로젝트가 진행되고 있으며 이 프로젝트들을 어떻게 관리해 성공으로 이끄느냐가 경영의 성패를 결정짓는다. 특히 중요 프로젝트의 성패는 기업 경영의 근간을 이루는 경우가 적지 않다. 그러나 이렇게 수많은 프로젝트를 어떻게 관리해서 성공으로 이끄는가 하는 문제는 매우 어렵다.

모든 프로젝트는 다 다르다. 다시 말해 현재 진행 중인 프로젝트가 이전 프로젝트와 완전히 일치하는 경우는 없다. 흔히 대량생산은 프로젝트와 무관하다고 생각한다. 실은 그렇지 않다. 대량생산 시스템하에서도 프로젝트들이 계속 진행되고 있다.

우선 연구개발 프로젝트가 성공하면 상품개발로 이어진다. 신상품이 개발되면 양산 라인이 구축된다. 대량생산 시스템이 완전히 구축되면 수율 개선 프로젝트, 식스 시그마 프로젝트, 생산성 향상 프로젝트, 원가 절감 프로젝트, 리드타임 단축 프로젝트, 공급망 관리 프로젝트 등이 제기된다.

만약 커다란 기술적 문제가 발견되면 연구개발 부서로 피드백돼 다시 연구개발 프로젝트가 시작된다. 이런 과정이 반복돼 대량생산품의 제품 라이프사이클이 된다.

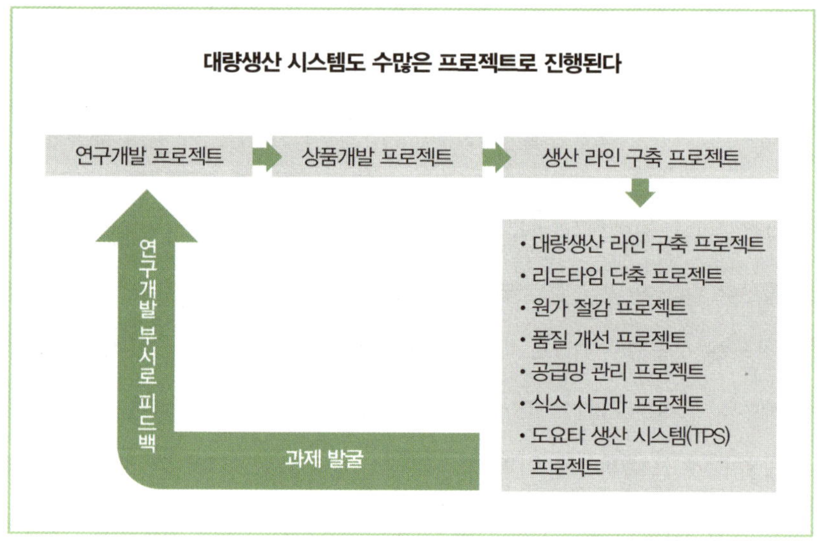

우리는 일상생활에서 '프로젝트'라는 단어를 자주 사용한다. 그렇다면 프로젝트의 뜻은 뭘까?《프로젝트 및 프로그램 관리 표준 가이드북》[1]에는 "프로젝트란 특정 임무를 맡아서 처음과 끝이 있는 특정 기간에 자원, 상황 등 제약 조건하에서 목표를 달성하려는 미래를 향한 가치 생성 작업이다."라고 정의돼 있다.

기업 경영 현장에서는 바람직하지 못한 현상들이 있기 마련이고, 이를 해결하기 위해 프로젝트를 시작하는 일이 많다. 문제란 '미래의 바라는 모습과 현실의 차이'다. 바로 이런 차이가 프로젝트를 시작하는 계기가 된다.

매년 다음 회기의 예산을 책정하는 것을 예로 들어보자. 예산 책정을 하

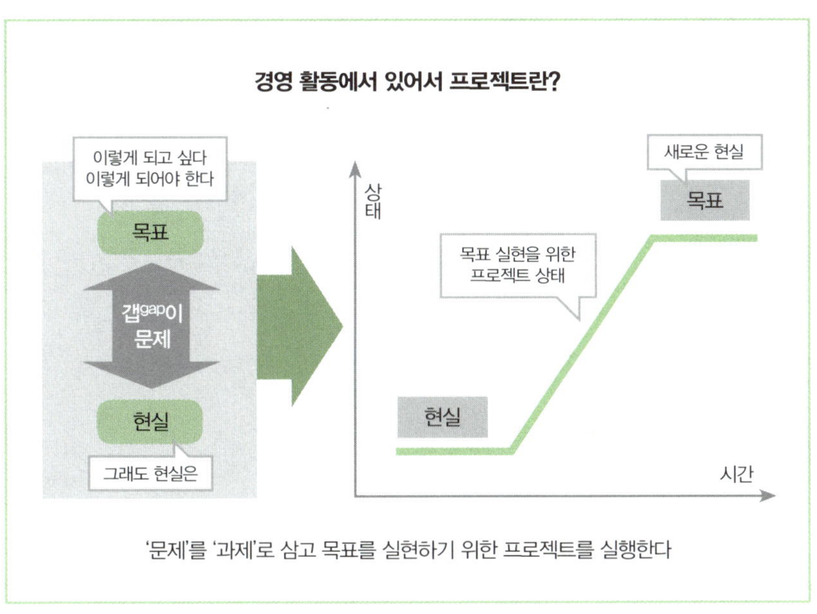

'문제'를 '과제'로 삼고 목표를 실현하기 위한 프로젝트를 실행한다

---

1 오하라 시게노부(小原 重信),《プロジェクト&プログラムマネジメント標準ガイドブック 프로젝트 및 프로그램 관리 표준 가이드북》, PHP연구소, 2003

기 위해 우선 회사의 현 상황을 분석한다. 그러고 나서 현재 경영 환경을 고려해 다음 회기의 목표를 설정한다. 그리고 현재 수준과 다음 회기 목표 간의 차이를 추정하고 무엇을 할지 의논한다. 여기서 나온 안이 승인되면 다음 회기의 예산과 활동 계획이 수립된다.

여기서 예산과 활동 계획이 '프로젝트'라는 형태로 현장에 주어진다. 이런 프로젝트들의 성공이 회사 경영과 성과 달성의 열쇠라고 해도 지나친 말이 아니다.

즉, '프로젝트를 어떻게 하면 성공적으로 수행할 것인가' 하는 활동이 경영 그 자체라고 해도 좋다. 이 같은 이유로 프로젝트 관리는 예전보다 훨씬 더 많은 관심을 끌고 있다. 특히 끊임없이 변화하는 환경에서 살아남아야 하는 기업 입장에서는 프로젝트 관리가 초유의 관심사일 수밖에 없다.

2 프로젝트는 왜 실패하는가?

세상에는 참으로 많은 프로젝트가 존재한다. 회사에서 뭔가 새로운 일을 하려고 하면 제일 먼저 신규 프로젝트의 입안에 대한 논의가 시작된다.

"신규 프로젝트를 시작합시다!"라고 할 때는 다들 열광한다. 그러나 종종 이 열광적인 분위기는 프로젝트를 진행하면서 점점 사그라진다. 이런 이유로 대부분의 프로젝트가 성공에 이르기란 매우 어렵다. 심지어 다음과 같이 물어보는 경우도 많다.

"도대체 이 프로젝트의 목적이 뭐였지?"

몇몇 사람들은 프로젝트 멤버들이 게으름을 피운다고 생각할지도 모르겠다. 하지만 사실 그렇지 않다. 오히려 반대다. 모두 열심히 일한다. 한데 프로젝트가 진행되면서 처음 생각과는 다른 방향으로 움직인다.

특히 경영 혁신 프로젝트 현장에서 이런 현상은 훨씬 더 심각하다. 경영 혁신 프로젝트에서는 이른바 '세 글자 경영 기법'[2]이 계속 소개되고 있다. 사원과 경영진은 늘 새로운 경영 기법을 배워야만 하는 것이다.

한 가지 기법을 배워서 겨우 실행에 옮기게 됐는데 또 다른 경영 기법이 소개된다. 그리고 "이전 경영 기법은 문제가 있다. 하지만 이번 경영 기법은 획기적이고 이전에 발생했던 문제들을 빠짐없이 해결해주면서 우리를 성공으로 인도한다. 이미 미국과 유럽 등 여러 나라에서 이 기법을 경영에 도입해 성공한 사례가 많다."라고 선전한다. 그런데 막상 새로운 경영 기법을 도입해보면 이전과 마찬가지로 여전히 문제는 해결되지 않고 현장의 저항만 점점 커진다.

답답한 마음에 조사를 좀 더 해봤더니 자신의 회사와 똑같은 경영 기법을 도입했던 국내 다른 기업들도 거의 성과를 내지 못하고 있다. 그래서 "이 경영 기법은 국내 경영 환경에는 잘 안 맞는 것 같다. 그러니 이번에 새롭게 소개되는 경영 기법을 꼭 배워야 한다."고 외친다.

아니, 잠깐만! 그럼 지금 진행 중인 프로젝트는 어떻게 할 것인가? 모두들 새로운 기법을 힘들게 배워서 이제 겨우 실행에 옮기고 있는 단계인데 말이다. 어느 정도 결과가 나타날 때까지 계속해야 하지 않을까? 하지만 새로운 경영 기법도 매력적이긴 한데….

그런데 이렇게 우여곡절을 거치면서 시작한 프로젝트가 관련자들의 노력에도 불구하고 "여러분 그동안 수고하셨습니다. 이 프로젝트는 어느 정

---

2 나는 세 글자 경영 기법이 항상 나쁘다고 말하지는 않는다. TOC(Theory Of Constraints, 제약 이론)도 세 글자다. 하지만 CCPM(Critical Chain Project Management)이 네 글자인 것을 알고는 기분이 더 편안해졌다. (TOC와 CCPM에 관한 자세한 설명은 이 책 부록에 있음 - 편집자 주)

도 (솔직히 말해서 나는 '어느 정도'라는 말의 뜻을 제대로 이해한 적이 없다. 그러나 '어느 정도'의 의미에 대해 상사에게 질문해서는 안 된다는 것을 알고 있다) 성과를 올리고 이제는 발전적 해체가 됩니다."라는 상황에 이르는 경우도 적지 않다. 심한 경우 이렇게 '발전적 해체'라고 하는 의식도 없이 우물쭈물하다가 프로젝트 자체가 그대로 없어지기도 한다. 또 대부분의 프로젝트는 성공 기준 자체가 명확하지 않아 프로젝트가 성공했는지 실패했는지 프로젝트 멤버조차도 잘 알지 못한다.

프로젝트의 문제점

프로젝트가 성공하지 못하는 이유에는 대체로 다음과 같은 것들이 있다.

- 프로젝트를 왜 수행하는 것인지 목표가 명확하지 않다.
- 수단이 프로젝트의 목적이 돼버린다.
- 프로젝트 수행 과정에서 팀워크와 다른 부서와의 협력이 제대로 이뤄지지 못한다.

그런데 이것이 단순히 '기법'의 문제일까? 외국에서 성공 사례가 있는 것을 보면 기법 자체에 문제가 있는 건 아닐 것이다. 그럼 해결책은 무엇인가?

- "명확한 목표를 공유하자!"
- "수단과 목적을 혼동하지 말자!"

– "팀워크가 중요하다!"

이는 프로젝트 환경 어디서나 자주 들어온 것들이자 이미 알고 있는 당연한 이야기로서 전혀 새롭지 않다. 모두에게 이런 것들은 상식이다. 경영진은 "명확한 목표를 공유하자!", "수단과 목적을 혼동하지 말자!", "팀워크가 중요하다!"라고 끊임없이 외친다.

책에서도, 연수 교재에서도, 그리고 경영 슬로건에도 흔히 이런 말들이 쓰여 있다. 현장에서도 이러한 것들을 생각하지 못하는 것은 아니다. 그러나 최선의 노력을 기울이는데도 여전히 문제는 풀리지 않고 있다. 도대체 이유가 뭘까?

경영인가, 아니면 정신 자세인가

경영자는 앞서 언급했던 상황을 장기간 방치해둘 수 없다. 그래서 보통 '경영 혁신'을 시작한다. 다음과 같은 구호가 전사적으로 큰 소리로 선포되기 시작한다.

"이익 증대, 고객 만족, 조직 성장, 인적 자원 개발, 성공적 프로젝트, 동기 부여, 조직 구성원 간의 신뢰, 납기 단축, 품질 개선, 늦기 전 사전 조치, 경영자의 자세, 팀워크, 유연한 조직, 현장 경험과 노하우, 전사적 협력, 우선순위 관리, 집중, 유연성 창출, 시각화, 개선, 신속한 보고, 경영자의 이해, 위기의식…."

이런 것들은 모두 조직을 위한 것이고, 대다수 사람들이 공감할 수 있

경영인가, 정신 자세인가?

는 상식적인 아이디어다. 그러나 현업에서 막상 적용해보려 하면 결코 쉽지 않다. 왜 그럴까?

현업에서는 (우선순위가 다른) 여러 부서와 (목적이 서로 다른) 외부관계자들이 복잡하게 연관돼 있기 때문이다. 이 같은 상황에서 우리가 사람의 정신 자세에 대한 철학적 논의에 빠진다면, 반드시 나쁜 것은 아니라 할지라도, 중요하고 긴급한 프로젝트에 관련된 문제들을 해결하기까지 시간이 너무 오래 걸릴 수 있다.

문제는 프로젝트 내부에 있을까, 외부에 있을까?

　현실적으로 프로젝트를 제대로 수행하기란 매우 어렵다. 프로젝트를 위한 예산, 자원, 가용 시간은 충분치 않을 때가 많다. 고객 또는 경영진의 의사 결정은 느리고, 정보는 필요한 때에 공유되지 않으며, 공급업자의 납품은 종종 지연된다. 경쟁이 치열한 시장이라면 상황은 점점 더 어려워진다.

　더구나 프로젝트의 범위는 자주 바뀐다. 심각한 문제가 발생해도 경영진이나 다른 프로젝트 이해관계자들로부터 제때 지원을 받을 수 있는 것도 아니다. 이런 상황에서도 프로젝트 멤버들은 강한 책임감과 절박감을 갖고 매우 열심히 일한다. 그리고 이해관계자들의 모든 기대에 부응하기 위해 불철주야 일하고자 하는 의욕도 있다. 이러한 문제점들을 조심스럽게 들여다보면 문제는 프로젝트 내부가 아니라 프로젝트 외부에서 있다는 것을 분명히 알 수 있다.

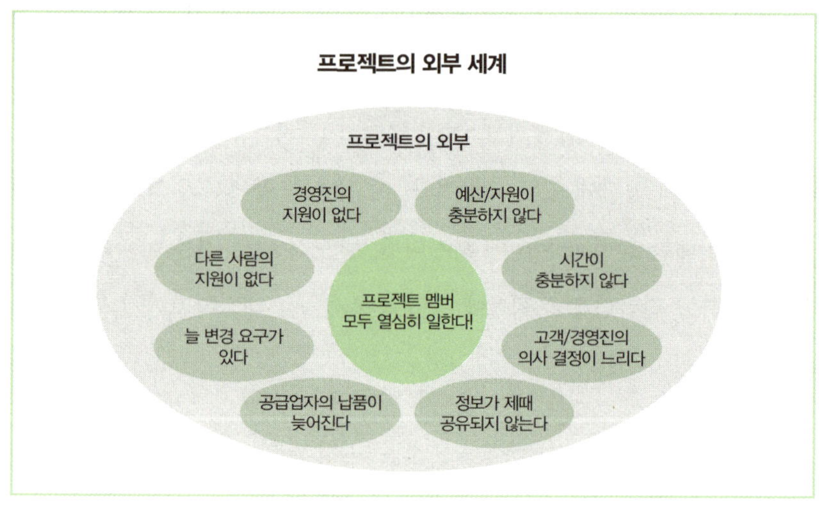

여러분에게 제안을 하나 해보겠다. 만약 여러분이 적절한 예산과 자원을 (제때) 얻을 수 있고, 고객과 경영진이 신속한 결정을 내리며, 정보 공유가 제때 이루어지고, 공급업자로부터 납품이 늦어지는 일이 훨씬 적으며, 프로젝트 진행상의 변경 사항을 팀워크로써 관리하고, 회사 내 모든 다른 프로젝트 팀과 경영진으로부터 지원을 받는다면 어떻겠는가?

그런데 여러분이 현재 프로젝트 실행 방법의 대부분을 바꾸지 않고, 단지 프로젝트 현황을 보여주는 방법을 바꾸는 것만으로도 이 모든 것을 얻을 수 있다면 어떻겠는가? 한번 해볼 만하지 않을까? 내가 강연에서 이와 같은 말을 하면 다들 의심의 눈초리로 쳐다본다. 사실 나도 예전에 그랬다. 이 책에서 다룰 CCPM을 실행해서 모든 변화를 경험하고 난 후에도 앞의 말들이 내게 현실이 됐다는 사실을 믿기 어려울 지경이었다.

경영 기법 중독을 조심하라

잘 아는 것처럼 경영 혁신을 위한 수많은 기법이 존재한다. 어느 것이나 다 대단한 효과가 있다는 찬양 문구를 갖고 있으므로 어디에 한번 시도해보고 싶다는 유혹을 뿌리치기 어렵다. 그래서 새로운 경영 기법이 어떤 산업에서 인기를 얻으면 우리 기업에도 유용하지 않을까 해서 테스트 프로젝트로써 적용해본다. 그 효과를 분석하고 나서 좋아 보이면 그다음 테스트 프로젝트를 제안한다. 새로운 경영 기법은 계속 나오게 돼 있으니 결국 테스트 프로젝트들이 기업의 여기저기에 널려 있게 된다.

차례차례 시도되는 경영 기법*때문에 현장에서 겪는 부작용도 심각하다. 부작용을 해소하기 위해 또다시 새로운 경영 기법이 시도된다. 마치 '경영 기법'이라는 약 중독에 걸려 버린 것처럼 말이다.

---

* 새로운 경영 기법은 때로는 '베스트 프랙티스(Best Practice)'로 불린다. "여기 다섯 가지 베스트 프랙티스가 있습니다. 어떤 것이 잘 듣는지 하나를 골라 테스트하십시오." 마치 신약 임상 테스트 같지 않은가?

이제 새로운 경영 기법을 도입하지 않으면 안 되는 것처럼 불안해진다. 이렇게 되면 중증이다.

보통 기침이 멈추지 않을 때는 의사에게 간다. 의사는 무엇이 문제인지 확인하기 위해 먼저 검사를 한다. 감기일지 모른다. 인플루엔자일지 모른다. 알레르기일지 모른다. 의사는 우선 증상을 구체적으로 관찰하고 문진한다. 이처럼 의사는 환자의 어디가 문제인지 파악한 후 처방을 내린다. 하지만 기침은 병의 증상에 불과하다. 기침을 멈추게 하는 약은 기침이라는 증상은 멈추게 해도 진짜 병을 낫게 하지는 않는다. 진짜 병이 인플루엔자라면 인플루엔자를 치료하는 약을 처방해야 한다.

마찬가지로 기업 현장에서도 문제의 표면에 드러나는 증상만을 보고 치료를 시도하는 일이 많다. 이 약이 안 통하면 저 약으로, 저 약이 안 통하면 또 다른 약으로 바꾼다. 획기적인 신약이 발견된 것 같다는 소문을 들으면 즉시 그 신약을 써본다. 이렇게 해서 조직 전체가 '약 중독'에 걸려 버린다. 이런 악순환을 예방하려면 증상이라는 겉으로 불거진 현상에 현혹되지 말고 문제를 더욱 깊게 고찰해 근본 원인을 찾아서 그에 맞는 처방을 생각해내야만 한다. 이를 위해 개인적으로는 '사고 프로세스(Thinking Process)'를 사용한다. 사고 프로세스는 전체적인 관점에서 문제를 분석하고 해결책을 찾는 TOC 방법론이다. 매우 쉽고 간편한 사고 · 분석 도구이기도 하고, 다른 경영 기법과 함께 사용하면 대부분 시너지 효과를 볼 수 있다. TOC는 윈-윈(Win-Win) 사고를 강조하기 때문에 이런 결과는 당연하다(이런, 지금 나도 새로운 기법에 대한 설명을 하고 있네…)

시각화의 함정

앞에서 거론했던 과제들을 다루기 위해 다양한 경영 기법들이 활발하게 개발돼 현장에 적용되고 있다. 그러나 아직 눈에 띌 만큼 성공한 케이스를 찾아보기란 어렵다. 우선 다음 주장을 검증해보자.

'목표를 달성'하려면, '상황을 눈에 보이게' 해야 한다.[3]

---

3 영화 〈꿈의 구장 Field of Dreams〉에서 "네가 만들면, 그가 올 것이다."라는 대사와 비슷하게 들린다. "당신이 상황을 눈에 보이게 하면, '그분'이 오셔서" 우리에게 이익을 가져다줄 것으로 믿을 수 있겠다. 그러나 '그분'은 오셔서 종종 더 많은 서류 작업, 보고서, 회의 등을 안겨줄 수 있다.

이는 상식이며 많은 사람들이 공감할 것이다. 사실 프로젝트 세계는 불확실성과 복잡성이 매우 크다. 따라서 계속 바뀌는 상황을 먼저 눈에 그려보지 않고 프로젝트를 수행하면 성공을 기대하기 어렵다. 그러면 "목표를 달성하려면 상황을 눈에 보이게 해야 한다."라는 논리를 다른 방법으로 검증해보자.

'상황을 눈에 보이게 하면 목표를 달성할 수 있다.'

위 문장은 불충분해 보인다. 상황을 눈에 보이게 한다 해도 언제나 목표를 달성할 수 있는 것은 아니기 때문이다. 즉, '시각화(visibility 상황을 눈에 보이게 하는 것)'는 목표 달성을 위한 필요조건이지 충분조건은 아니다.[4]

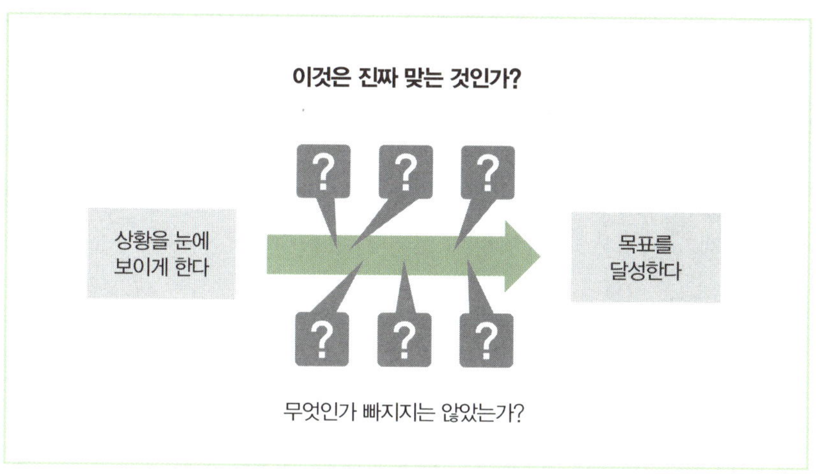

---

4 나는 엘리 골드랫(Eliyahu M. Goldratt) 박사의 책 《신기술 도입의 함정Necessary But Not Sufficient》을 정말로 좋아한다. 이 책은 내 눈을 뜨게 해줬기 때문이다. 초등학교 수학시간에 '필요하지만 충분하지 않은' 논리에 대해 배웠지만, 개인적으로는 직업을 가진 이래 충분조건을 그리 자주 확인하지 않은 것 같다. 오히려 회사에서 승진해 가면서 필요조건 논리를 더 자주 사용하게 됐다. 이는 경험이 더 쌓여 가면서 내가 더 비논리적으로 됐다는 것을 뜻한다. 매우 서글픈 이야기이긴 하지만 골드랫 박사의 책을 통해 내가 그렇다는 것을 인정하지 않을 수 없었다.

오른쪽 도표는 프로젝트를 둘러싼 환경을 분석한 것으로 '현재 상황 나무 (CRT, Current Reality Tree)'라고 한다(이에 대해 좀 더 알고 싶으면 골드랫 박사의 명저들을 보기 바란다). 경영자는 고객 만족이 중요하다고 강조한다. 동시에 매출을 최대한 늘려야 한다. 이런 상황에서 각각의 요구를 우선시하는 것은 이상적이긴 하지만 어렵다. 오히려 처리해야 할 일은 계속 늘어난다.

지금도 미래에도 계속 이익을 내기 위해 우리는 프로젝트 멤버들을 최대한 활용하길 원한다. 그래야 일을 효율적으로 처리할 수 있기 때문이다. 이를 위해서는 프로젝트의 불확실성에 대비하기 위한 여유 시간을 두면 안 된다. 즉, 프로젝트 자원들이 놀고 있는 것을 피하기 위해 각 작업에서 '안전 여유(safety)' 시간을 제거해야 한다. 또한 계속해서 늘어나는 일감을 적절한 방식으로 제때 처리하려면 우리는 일이 돌아가는 상황을 정확하게 눈에 보이게 해야 한다. 다시 말해 프로젝트 진척 상태를 효과적으로 모니터링하려면 프로젝트 진도를 계량화해 명료하게 시각화해야 한다는 것이다.

안전 여유가 제거되고 더 빡빡한 통제가 이뤄지면 프로젝트에서 예상치 못한 문제가 생겼을 때 유연성을 잃는다. 또한 빡빡한 통제, 진도의 계량화, 그리고 계속 증가하는 일감 때문에 압력은 더욱 커질 수밖에 없다.

프로젝트에 안전 여유가 없다면 문제가 발생하거나 프로젝트 멤버 중 누군가가 어려움에 부딪혔을 때 서로 도울 수 없다. 그러나 경영진은 '긴급함'과 '팀워크 정신'을 강조하며 그들을 도우라고 요구한다. 결국 우리는 돕지 않을 수 없다. 비록 우리 상황이(앞으로는 만일을 대비해 각 작업에 안전 여유 시간을 늘리는 것이 좋겠다는 교훈을 얻었던 첫 프로젝트를 할 때같이) 긴급할지라도 말이다.

조직의 문제 구조도

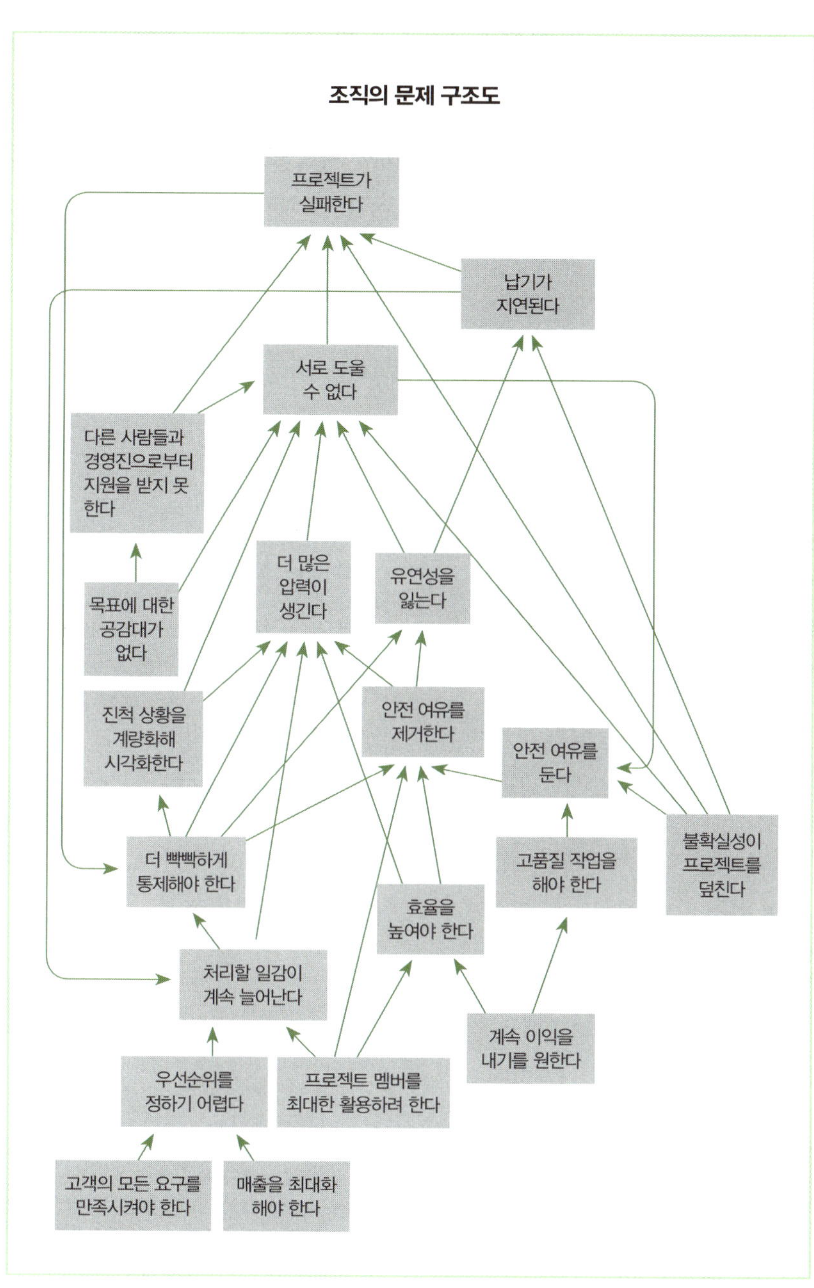

프로젝트가 실패한다
납기가 지연된다
서로 도울 수 없다
다른 사람들과 경영진으로부터 지원을 받지 못한다
목표에 대한 공감대가 없다
더 많은 압력이 생긴다
유연성을 잃는다
진척 상황을 계량화해 시각화한다
안전 여유를 제거한다
안전 여유를 둔다
불확실성이 프로젝트를 덮친다
더 빡빡하게 통제해야 한다
효율을 높여야 한다
고품질 작업을 해야 한다
처리할 일감이 계속 늘어난다
계속 이익을 내기를 원한다
우선순위를 정하기 어렵다
프로젝트 멤버를 최대한 활용하려 한다
고객의 모든 요구를 만족시켜야 한다
매출을 최대화 해야 한다

프로젝트 멤버들이 각 작업에 더 많은 안전 여유를 두고 있다는 것을 경영진이 알게 되면, 그들은 효율을 높이기 위해 안전 여유를 제거할 것이다.

한편 우리에게 안전 여유가 거의 없어서 서로 도울 수 없다면 예상치 못한 문제가 발행했을 때 납기가 지연된다. 납기가 지연되면 프로젝트 소요 기간은 더 늘어나게 돼 설계가 변경되고 추가 작업을 수행해야 한다. 결국 프로젝트에는 더 많은 압력이 가해질 수밖에 없다.

더욱이 프로젝트 목표에 대한 공감대가 형성되지 않았다면, 그리고 프로젝트에 관계된 경영진과 다른 사람들의 지원을 받을 수 없다면 프로젝트가 난관에 봉착했을 때 서로 도울 수 없다. 또한 신규 프로젝트들은 곧바로 착수해야 하므로 이미 일정이 늦어진 기존 프로젝트들에 더해져 각 프로젝트 멤버가 해야 할 작업은 계속 늘어난다. 따라서 안전 여유나 프로젝트 목표에 대한 공감대가 거의 없는 상황에서 예상치 못한 문제(이는 프로젝트의 특성임)를 만나면 프로젝트가 실패할 위험성은 한층 더 커진다.

프로젝트들이 계속 실패하면 예산을 더 심하게 규제하게 된다. 심지어 숫자로 프로젝트나 개인을 평가하게 된다. 작업 현황을 모니터링하기 위해 경영 방식은 더 엄격하게 통제하는 식으로 바뀐다. 곤란할 때 서로 도울 수 없다. 그러면…. 결국 이런 악순환은 반복된다.

43쪽 도표에서는 피드백 연결 고리들(Feedback Loops)을 유심히 살펴봐야 한다. 프로젝트가 실패하면 더 빡빡한 경영 통제 방식이 사용된다.[5]

---

5 일반적으로 이런 경우 경영진은 프로젝트 현황을 더욱 직접 눈으로 보고 싶어 한다. 그래서 많은 직원들이 시각화 방법을 검토한다. 그렇다면 이는 단지 시각화를 위한 시각화가 아닌가? 여러분은 과연 이것이 효과적이라고 생각하는가? 여러분은 과연 이것이 효과적이라고 생각하는가?

또한 납기가 지연되면 처리해야 할 일감은 계속 늘고 도움을 기대할 수 없기 때문에 우리는 불확실성에 대비하기 위해 더 많은 안전 여유를 추가하지 않을 수 없다.

우리가 안전 여유를 추가하면 경영진은 다시 훨씬 더 강하게 안전 여유를 제거하려 한다. 이는 끝없이 아래로 돌아가는 나선으로 변해 시간이 갈수록 상황은 더 심각해진다.[6]

어느 쪽이 더 복잡한가?

46쪽 그림을 보자. 시스템 A와 시스템 B 중 뭐가 더 복잡해 보이는가? 개체 수를 기준으로 보면 시스템 B가 더 복잡해 보인다. 그러나 시스템 내부에 존재하는 문제들을 해결한다는 측면에서는 (각 현상에 대한 원인–결과 관계로 이해한다면) 시스템 B가 훨씬 쉽다.

자 그럼, 47쪽 그림을 보자. 이것은 46쪽 그림에서 얻었던 통찰력을 구체적으로 증명해 보인다.

시스템 A에 있는 결과들은 시스템 B에 언급된 시스템으로 인해 야기된 현상에 불과하다. 우리는 일상생활에서 병과 증상을 구분한다. 기침을 질병으로 생각하지 않는 것처럼 말이다. 불행히도 병이 아니라 증상을 고치려고 노력하는 (컨설턴트라고 불리는) '기업 의사'들이 많다. 그러나 이들처

---

6 이 모든 것은 프로젝트를 더 개선하려는 선의에서 출발한다. 그러나 얼마 안 돼 정반대가 된다. 옛 속담에 "지옥으로 가는 길은 선의로 포장되어 있다."고 했듯이 말이다. 시간이 갈수록 상황은 악화된다. 부정적인 피드백 연결 고리들이 더 심하게 해를 끼치기 때문이다. 나는 이를 '필요조건 논리만을 쓰는 경영의 함정'이라고 부른다. 사람들에게 이런 얘기를 할 때 기분이 진짜 우울하다.

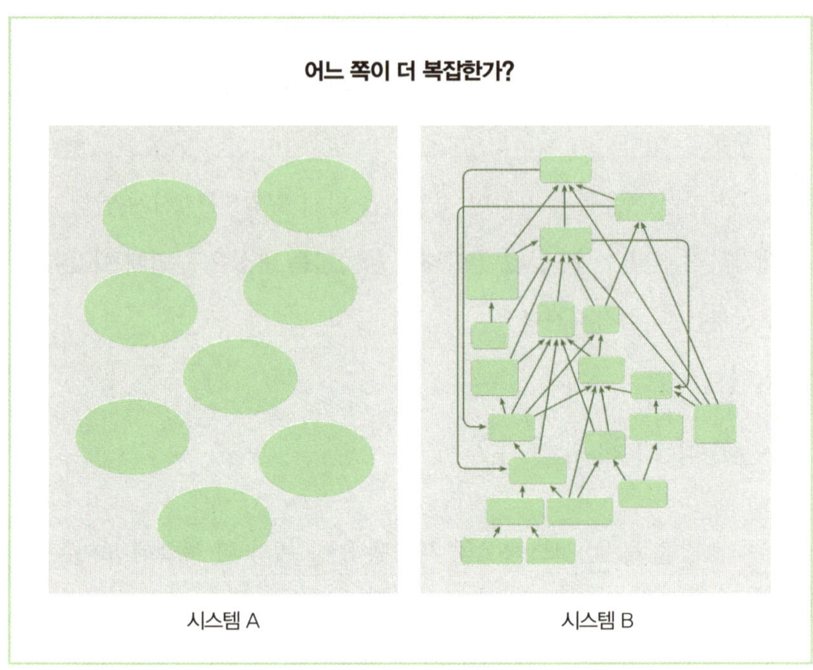

럼 증상을 고치는 데만 초점을 맞추면 진짜 병을 더 악화시킬 수 있다. 따라서 기침을 어떤 병 때문에 생긴 증상의 하나라고 생각하고, 증상이 아닌 병에 대한 근본적인 치료법을 찾으려고 노력해야 한다.

TOC(Theory Of Constraints, 제약 이론)도 이 같은 접근법을 취한다. 문제들을 체계적인 접근법으로 분석하고[7] 특정 질병을 고칠 수 있는 특정 약품을 개발한다. TOC에서는 이 구체적인 약품을 '주입(injection)'이라고 부른다(이게 얼마나 효과적인지 안다면 이 용어 사용에 동의할 것이다). 이처럼 TOC는 복잡한

---

7 이 체계적인 접근법은 놀랍게도 오노 다이이치 박사의 도요타 생산 시스템(TPS) 중 '왜를 5번 질문하기'와 같이 상식적인 사고를 바탕으로 한다. 겉에 드러난 증상들에 현혹되지 않고 근본 원인을 잡아내는 데 초점을 맞추는 것이 키포인트다. 특히 프로젝트 관련 문제들은 당연히 조직과 관련이 있기 때문에 전체, 시스템 관점으로 분석해야 한다.

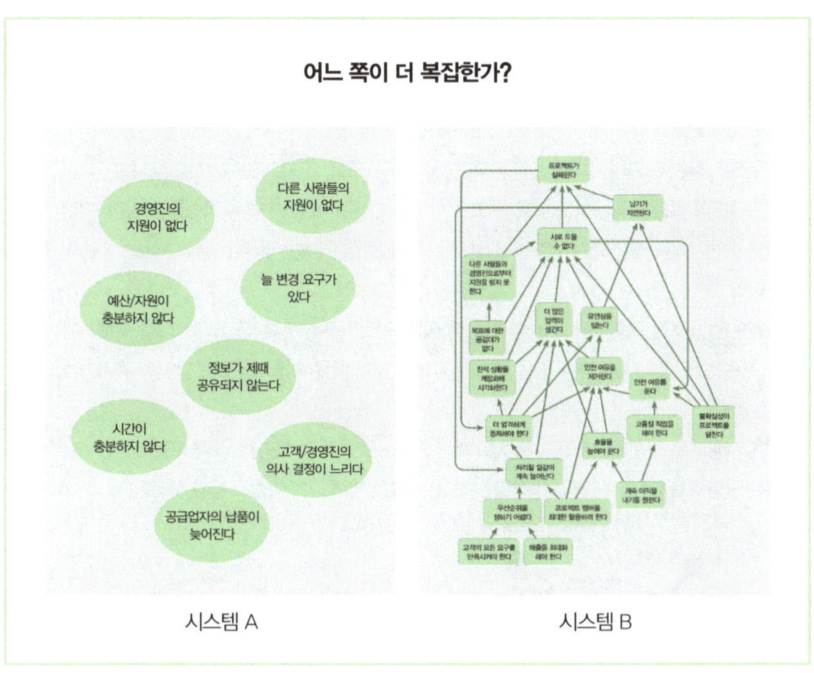

시스템에 있는 '원인-결과' 연결 고리들을 이용함으로써 전체 시스템에서 근본 원인을 찾아 그것을 해결하는 단순하지만 강력한 방안을 만들어낸다.

'의욕이 없는 벌레'로 돌연변이되는 '의욕이 있는 벌레'

프로젝트 작업은 원래 재미있어야 한다. 당신이 처음으로 소프트웨어 코드를 작성해봤다면 소프트웨어가 원활히 작동하는 것을 눈으로 직접 확인했을 때 분명 매우 기뻤을 것이다. 건설 사업도 마찬가지다. 당신이 처음으로 집을 짓는다면 그것은 당신 삶에서 잊을 수 없는 순간이 될 것이다.

사람들은 프로젝트를 통해 개인적, 전문적 성장 모두를 하게 된다. 또 프로젝트를 수행하다 보면 새로운 도전 과제를 만나 이를 해결할 기회를 얻기 때문에 프로젝트는 당연히 흥미가 있어야 한다.

물론 사람들은 처음 프로젝트에 뛰어들 때는 의욕으로 가득 차 있다. 그러나 이렇게 충만했던 의욕은 명령조로 통제하는 경영 방식을 접하고, 고통을 계속 받게 되면서 점차 사라진다.

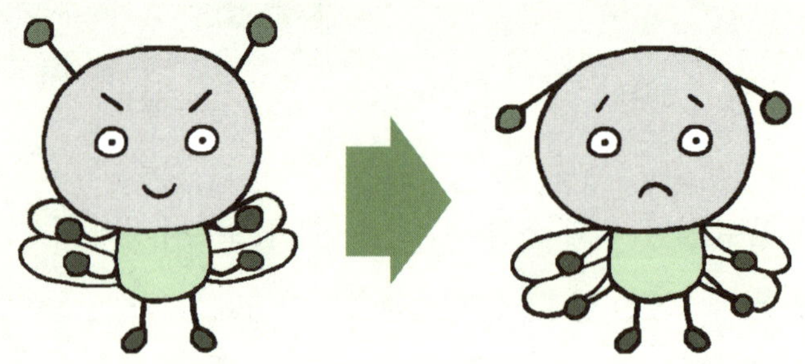

'의욕적인 벌레(Motivated Bug)'가 '의욕 없는 벌레(De-Motivated Bug)'로 돌연변이함

두 벌레를 들여다보면 눈썹, 입, 날개, 다리, 팔, 더듬이는 똑같이 생겼다. 단지 '각도'에서 약간 차이가 있을 뿐이다.

3 **경영 혁신**은 **사람**이 하는 것이다

프로젝트에서 나타나는 바람직하지 못한 현상

고위 경영자는 프로젝트에 관련된 문제에 대해 종종 다음과 같이 말한다. "현장이 잘 보이지 않는다.", "뭘 하고 있는지 알 수 없다.", "큰일이다 큰일이야. 하지만 큰일이 뭔지 알 수 없다.", "각 프로젝트 매니저는 자신의 프로젝트만 생각한다.", "항상 너무 늦게 프로젝트의 문제에 대한 보고가 올라온다."

반면 프로젝트 멤버들은 흔히 "프로젝트가 마치 출구 없는 터널 같다."는 말로 문제점을 지적한다. 이들은 "모든 것이 최우선이다.", "경영진은 무슨 생각을 하고 있는지 모르겠다."라고 말한다. 경영진은 지원은 하지 않고 "잘하시오."라고 하고는 현장을 그대로 방치하고 있다는 얘기도 적지 않다.

또 "초기에는 조그만 문제가 그다음으로 넘어가면서 예상 외로 확대된다.", "작업 범위는 계속 늘어난다.", "문제가 발생해도 경영진은 도와주지 않는다."라는 말을 종종 듣는다. 특히 프로젝트 멤버는 현장 실무를 그대로 하면서 프로젝트에 참가하는 경우가 많아 매일 현장 실무와 프로젝트 업무 사이에서 우선순위를 놓고 고민한다.

고위 경영자는 프로젝트 팀에게 뭘 기대하는가?

고위 경영자는 현재 진행되고 있는 각각의 프로젝트에 대해 무엇을 요구할까?

– 납기를 맞출 수 있는지 프로젝트 진척 상황을 알고 싶다.
– 프로젝트 품질이 기대치를 확실하게 만족시키고 있는지 알고 싶다.

- 문제가 있다면 심각해지기 전에 조속히 보고해주기 바란다.

- 한정된 자원으로 최대의 경영 실적을 올려주기 바란다.

- 기업 이념에 따라 프로젝트 활동을 해주기 바란다.

- 팀워크를 잘 갖추고 일을 진행해주기 바란다.

- 프로젝트 멤버가 개인적, 전문적으로 성장할 수 있는 기회를 만들고 싶다.

위에서 열거한 사항을 확인하기 위해 정례회의 등이 이뤄지고 있다. 그러나 고위 경영자가 관여하지 않으면 안 되는 일은 양과 질에서 놀라울 정도로 방대하다. 예를 들어 당신이 경영 회의 자리에 앉아서 5시간 동안 각 프로젝트 매니저들로부터 복잡한 전문 용어로 가득 찬 보고서 내용을 10분씩 보고받는다고 상상해보라. 어떻게 상황을 이해할 것인가? 조치는 어떻게 취할 것인가? 이런 걸 다 해내려면 신적 능력이 있어야 할 성싶다(누군가는 이렇게 할 수도 있겠지만 나는 할 수 없다). 이처럼 회의만으로 문제점을 파악하고 적절히 손을 쓸 수 있는 경우는 극히 제한적인 게 현실이다.

한편, 프로젝트가 실패하는 일이 속출하면 상황은 다음과 같이 점점 더 심각해진다.

- 프로젝트가 실패하는 것을 막기 위해 더 정확하게 관리할 필요성을 느낀다.

- 정확히 관리하려면 진척 보고를 더 치밀하게 해 현장의 문제를 조속히 밝혀야 한다. 적절한 조치를 취하려면 문제점들을 사전에 잡아내

야 하기 때문이다.

– 한편 프로젝트 현장은 늘 바쁘다. 진척 보고 작업이 늘면 핵심적인 프로젝트 자체의 작업까지 지장을 받는 경우가 많다.

– 이렇게 되면 다시 프로젝트가 실패하는 일이 늘어난다.

– 프로젝트의 잦은 실패에 대해 기업 차원에서 사장이 직접 '실패 박멸 프로젝트'를 거론하며 실패를 막기 위한 프로젝트 진척 관리를 하게 된다.

– 문제를 사전에 방지하기 위해 이전보다 더 상세하게 진척 관리를 하게 된다. 즉 납기, 원가, 시간, 인원 배치 등을 더 세밀히 관리해야 한다.

– 그래서 현장에 진척 관리 작업을 요청한다.

– 현장에서도 이번에는 실패하면 안 되니까 이런 프로젝트에 적극 협력한다. 그러나 점점 많아지는 진척 보고 작업 관리에 쫓겨서 프로젝트 자체의 작업에는 훨씬 더 소홀해진다.

– 프로젝트의 핵심을 이루는 작업이 소홀해지면 문제가 발생할 가능성이 커진다.

– 일단 문제가 발생하면 진척 관리 작업이 문제가 아니다. 프로젝트 작업 자체를 진행하는 게 훨씬 중요해진다. 따라서 진척 관리는 더 이상 할 수 없게 돼버린다.

– 그러면 고위 경영자는 프로젝트 진척 상황을 눈으로 볼 수 없다. 그래서….[8]

---

[8] 이는 어디에서나 들을 수 있는 이야기인데, 프로젝트에서 가장 큰 불만 사항은 회의와 보고가 너무 많다는 것이고, 프로젝트에서 가장 큰 문제는 의사소통이 부족하다는 것이다. 회의와 보고서의 목적이 의사소통을 좋게 하는 것이라고 했을 때 이런 현상은 역설적이다.

프로젝트는 사람이 하는 것이다

당연한 말이지만 프로젝트의 주체는 사람이다. 다음 질문을 생각해보자.

이런 질문을 하면 누구나 직감적으로 하나의 작업에 집중하는 쪽이 작업 당신은 이번 주에 완전히 다른 두 가지 작업을 해야만 한다. 당신은 둘 중 하나 를 선택할 수 있다.

1. 하나의 작업에 집중해 끝을 낸다. 그러고 나서 다음 작업을 시작한다.
2. 두 가지 작업을 번갈아 가면서 한다.

질문 1 : 어느 쪽이 더 좋은 품질을 내겠는가?
질문 2 : 어느 쪽이 더 빠르겠는가?

속도가 빠르고 작업 품질도 높다고 답할 것이다. 이는 상식이다.
여러분에게 질문을 하나 더 하겠다.

질문 3: 여러분은 하나의 작업에 집중하는가, 아니면 작업들을 번갈아가며 진 행하는 다중 작업(multitasking)을 하는가?

여러분은 벌써 현실이 어떤지 알아차렸을 것이다. 바로 '상식대로 되고 있지 않다.'라는 것 말이다.

우선순위를 정해서 순서대로 작업을 관리하게 되면 준비 시간이 줄어 작 업에 집중하는 시간이 늘고 일 처리 속도는 빨라지며 작업 품질도 높아진다. 기업을 경영하는 데 경영 자원이 무한할 수는 없다. 일정 기간 내에 한 정된 자원으로 경영 성과를 내려면 우선순위를 정하는 일이 중요하다. 이 는 지극히 당연하다.

4 **경영**의 딜레마

　일의 우선순위를 정하는 것이 중요하다는 것은 누구나 알고 있다. 그러나 일상적인 현장 상황에서 이를 제대로 실행하기란 거의 불가능하다고 해도 좋을 만큼 어렵다. 현장에서 매일 벌어지는 일은 항상 최우선이긴 하다. 하지만 이것이 절대로 경영 혁신이 우선순위에서 밀리는 것을 의미하진 않는다.

　기업이나 조직의 활동 내용은 틀림없이 여러 개의 프로젝트가 동시에 진행되고 있는 상황 즉, 다중 프로젝트(Multi-Project) 환경이다. 그 속에서 경영자가 안고 있는 딜레마를 나타낸 것이 56쪽 그림이다. 계속 이익을 내려면 매출을 올려야 한다. 매출을 올리려면 프로젝트 멤버들이 가능한 한 많은 작업을 동시에 완료해야 한다. 경영진은 프로젝트 멤버들이 할 일 없이 노는 것을 바라지 않으며, 대신 뭔가 매출을 올리기 위한 활동을 해주기 바라기 때문이다.

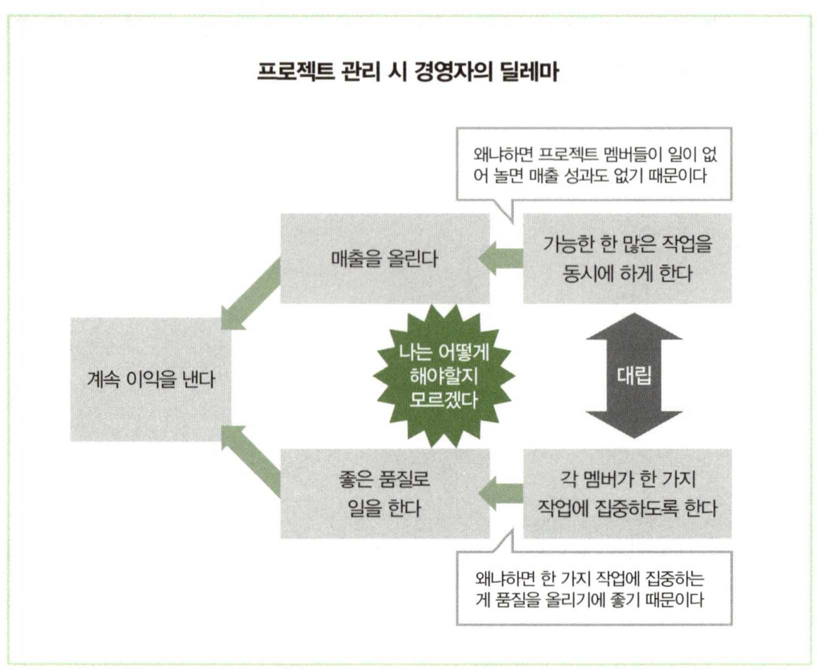

한편 계속 이익을 내려면 좋은 품질로 일을 하지 않으면 안 된다. 양질의 작업을 하려면 프로젝트 멤버들이 한 가지 일에 집중해야 한다. 한 가지 일에 집중하지 않으면 품질 문제가 발생할 가능성이 크기 때문이다. 품질 문제가 있으면 고객으로부터 강한 클레임을 받을 수 있다. 그러면 클레임을 처리하는 데 시간을 뺏겨 원가가 상승한다. 이는 다음 수주나 시장 점유율에 영향을 줄 수 있다.

여기에 경영자의 딜레마가 생겨난다.[9] 이 같은 상황에서도 어떤 공통 목적은 있다. 하지만 상황을 이해하는 시각에 차이가 있기 때문에 딜레마가

---

[9] TOC(Theory Of Constraints, 제약 이론)에서는 이 그림을 '구름(cloud)'이라고 한다. 이를 사용해 딜레마의 근본 원인을 찾고 타협안 대신 윈-윈(Win-Win) 해결책을 찾아낸다.

존재하는 것이다. 상황을 이해하는 시각은 어떤 전제를 기반으로 하고 있다(위 그림에서 "왜냐하면 …때문이다."에 적힌 것이 전제의 예임-옮긴이 주).

이런 전제는 과거 경험으로부터 만들어지기도 한다. 그런데 사람들이 갖고 있는 전제에는 어딘가 잘못된 생각이 숨겨져 있는 일이 많다. 이 잘못된 생각을 찾아서 없앰으로써 어정쩡한 타협을 하지 않고서도 양측 모두에게 좋은 '조화로운' 해결책을 찾을 수 있다.

위 도표에서 계속 이익을 낸다는 데는 양측 모두 동의하고 있다. 하지만 계속 이익을 내는 방법에 대해선 서로 의견이 엇갈린다. 단적으로 말해서 '각 프로젝트 멤버가 단지 한 가지 작업에 집중하도록 해 좋은 품질로 일을 하면서 동시에 매출을 지속적으로 올릴 수 있는 방법을 알 수 없다.'라는 것이 문제다.

나는 오랫동안 프로젝트를 담당하는 사람들에게 '집중하라!'라고 지시해 왔다. 하지만 그들은 집중하지 않았다. 고백하건대 그 원인은 사실 내게 있었다. 이제부터 그 메커니즘을 설명하겠다.

고위 경영자의 현실

보통 고위 경영자는 프로젝트를 수행해 크게 성공한 체험이 있다. 획기적인 신사업 구축, 부실 사업의 재구성 등 실적을 인정받아 고위 경영자로 발탁된 사람도 적지 않다. 이들은 틀림없이 프로젝트 매니저로서 우수한 자질을 갖고 있었을 테고 현장에서 높은 실적을 냈을 것이다.

이들 고위 경영자의 심중을 들여다보자. 만약 고위 경영자 자신이 프로

젝트 매니저였던 때부터 프로젝트의 납기와 예산을 예상치 못한 불확실성으로부터 지키기 위해 안전 여유 시간(Safety Time, 일어로는 さば(SABA)라고 함)[10]을 조작했다고 한다면 당신은 어떤 생각이 드는가?[11]

'안전 여유 시간'이라고 하면 듣기에 거슬리지만(고등어를 셀 때 급히 서두르는 체하고 숫자를 속이는 일도 있어서 さばSABA에는 부정적인 의미가 있음 – 옮긴이 주), 프로젝트는 본질적으로 불확실하다. 그래서 '안전망'이 필요하다. 그들은 큰 목소리와 뛰어난 설득력으로 우수한 인재를 대대적으로 확보하고, 프로젝트 기간도 최대한 늘려 잡는 데 성공한다. 이렇게 해서 약속을 지킬 수 있는 '보험'을 확보하는 것이다.

프로젝트 매니저에게 안전 여유가 없다면 만에 하나 문제가 생겼을 때 현장 사람들을 도울 수 없다. 즉, 프로젝트 매니저의 손에 쥐어 있는 안전 여유로 인해 프로젝트가 성공한다.

이런 경험이 있는 고위 경영자라면 자신의 부하인 프로젝트 매니저도 현재 프로젝트 계획 안에 당연히 안전 여유 시간을 확보하고 있다고 여긴다. 그러면 고위 경영자는 안전 여유 시간만큼 더 많은 일을 프로젝트 매니저에게 할당할 것이다. 상대는 아직 안전 여유 시간이 있고, 따라서 더 많은

---

10 '안전 여유'는 일본어로 さば(SABA)다. SABA는 고등어를 말한다. 고등어는 큰 바다에서 무리를 지어 다닌다. 어부가 그물로 고등어를 잡으면 한 번에 많이 잡힌다. 시간이 있으면 그 숫자를 셀 수 있을 것이다. 하지만 SABA는 신선도를 곧 잃어버리는 어류다. 따라서 어부는 그 숫자를 어림으로 세고 고객에게 SABA가 모자라게 가는 일이 없도록 덤으로 몇 마리를 얹는다. 이것이 SABA라는 말의 어원이다. 그래서 당신이 "SABA가 있는가?"라고 말할 때 이는 "당신은 안전 여유 시간을 갖고 있는가?"를 뜻하는 것이다. 그런데 SABA는 좋은 횟감이다(개인적으로 좋아하는 회다!).
11 나 자신도 이렇게 했음을 인정한다. 나의 프로젝트 관리 스타일은 고위 경영자에게 내가 맡은 프로젝트의 중요성에 대해 크고 높은 목소리로 말함으로써 가능한 한 많은 자원을 확보하고 납기를 가능한 한 길게 연장하려고 하는 것이었다. 나는 하드록 밴드의 보컬리스트인데 록으로 단련된 큰 목소리가 고위 경영자에게 프로젝트의 중요성을 알리는 데 많은 도움이 되었다.

일을 할 수 있다는 것을 알고 있기 때문이다.

한편 부하인 프로젝트 매니저는 고위 경영자로부터 계속 일이 넘어온다는 것을 알기 때문에 이에 대비하려고 더 많은 안전 여유 시간을 확보하지 않으면 안 된다. 이렇게 되면 고위 경영자는 프로젝트 매니저가 안전 여유 시간을 숨겨 놓고 있음을 직감으로 알고, 한정된 경영 자원으로 최대의 성과를 끌어내기 위해 프로젝트 멤버들에게 일을 계속해서 더 시킨다. 이렇게 해서 부정적 피드백 연결 고리가 반복해서 나타난다. 이는 '악의 사이클(Vicious Cycle)'이다.

'악의 사이클'을 멈추고 팀워크로 똘똘 뭉쳐 고위 경영자, 프로젝트 매니저, 그리고 프로젝트 멤버들까지 모두 신뢰 관계 속에서 같은 목표를 향해 프로젝트 하나하나를 성공으로 이끌어가면 얼마나 멋질까? 그래야 점차 인재가 육성되고 그들의 보람과 의욕이 고조돼 조직이 성장해갈 수 있다![12]

---

12 6부에서는 당신의 미래 상황 나무(FRT, Future Reality Tree)를 다루겠다. 여러분도 좋아하길 바란다.

안전 여유를 찾아서

안전 여유와 **책임감**은
떼려야 뗄 수 없는 깊은 관계

안전 여유가 태어난 곳

왜 사람들은 안전 여유를 가지려고 할까?

예를 들어보겠다. 당신이 상사에게서 급하게 자료를 작성하라는 요청을 받았다고 하자. 당신은 자료 작성을 하려면 빠듯하게 납기일을 잡아도 9일이 소요된다고 생각한다. 과거 경험에 따르면 이런 종류의 자료 작성 작업은 보통 9일보다는 더 걸릴 것이라는 것을 당신은 알고 있다. 그렇다면 당신은 상사에게 9일 걸린다고 약속할 것인가?

잠깐! 당신은 이 일에만 전념해야 9일 만에 해낼 수 있다. 하지만 입사 이래 지금까지 어떤 일을 하는데 한 가지 일에 집중해서 처리한 적이 단 한 번이라도 있었는가? 일을 하다 보면 다른 급한 일이 끼어들게 마련이다. 이렇게 중간에 불쑥 끼어든 급한 일을 처리하면서도 원래 하고 있던 일은 그대로 진행해야 한다. 그렇기 때문에 자료 작성을 9일 만에 마치겠다고 상사에게 약속하는 것은 무모하다.

약속을 지키기 위해 당신은 안전 여유 시간이 필요하다. 그래서 당신은 "최선을 다해도 18일이 걸립니다."라고 답한다. 이 납기에 대해서 상사는 다시 윗사람인 고위 경영자에게 18일로 보고할 것인가?

상사는 부하의 자료를 체크해야 한다. 체크한 후 여러 차례 수정할 일이 생길지도 모른다. 그러므로 보통 '여유를 위해 2, 3일을 더하자.'라고 생각한다. 물론 고위 경영자는 당신보다 책임이 더 크다.

만약 사장에게 이 자료를 들고 가서 보고해야 하는 상황이라면 어떨까? 사장에게 보고하는 것이므로 내용을 더 정확히 체크해야 하고, 때로는 수정이 필요할지도 모른다. 1주 정도는 체크와 수정을 위한 기간으로 활용해야 한다. 사장이 고객에게 납기를 약속해놓은 상황이라면 무슨 일이 있어도 기한을 지켜야 한다. 그래서 다시 며칠(또는 몇 주)의 여유가 필요해진다.

조직에는 책임감이 강해 다른 사람들을 실망시키지 않으려고 하는 좋은

안전 여유 벌레(The Safety Bug)

안전 여유 벌레는 사람의 책임감을 좋아한다. 그들은 사람의 책임감을 영양분으로 해서 급속히 성장한다. 그들은 또 사일로(silo)형 조직* 이나 조직과 조직 사이 공간에서 서식하는 것을 선호한다고 알려져 있다.

* 사일로는 예산 편성과 조직 설계에 쓰는 용어로서 어떤 것을 분리하거나 구분 짓는 것을 뜻한다. 사일로형 조직은 개인 및 부서 이기주의로 인해 전체 조직과 팀워크가 원활하게 이뤄지지 않아 전사적으로 시너지 효과를 기대하기 힘들다. 결국 이런 조직은 영역 보호주의에 빠져 유연성과 적응력을 잃고 만다 - 편집자 주.

사람들이 많다. 책임이 막중한 사람일수록 조직 내에서 신뢰를 확보하는 게 더 중요하다. 신뢰를 지키려면 안전 여유가 필요하다.

프로젝트 작업에는 불확실성이 따르기 마련이다. 무슨 일이 일어날지 알 수 없다. 이를 경험적으로 아는 우리는 납기를 지키기 위해, 또 상대를 실망시키지 않기 위해 안전 여유를 두려고 한다. 만약 누군가 당신에게 "당신은 책임감이 없어."라고 했다 치자. 이는 당신 경력에 대한 일종의 모욕이기 때문에 듣고 싶지 않을 것이다. 그래서 책임을 다하기 위해 당신은 안전 여유를 가지려고 한다. 요컨대 사람들은 책임감이 있기 때문에 안전 여유를 갖는다는 것이다.

안전 여유는 기하급수적으로 늘어난다

개인적으로 갖는 책임감이 클수록 오차 여유(Margin Of Error)를 늘려야 한다. 조직의 상층부로 가면 갈수록 더 큰 안전 여유가 필요한 법이다. 그리고 조직과 조직 간에 논의를 하는 경우 자신이 몸담고 있는 조직의 대표로서 가져야 할 책임감이 있기에 안전 여유가 더 필요해진다. 안전 여유는 더 큰 조직을 대표하면 할수록, 또 책임감이 크면 클수록 더 많이 필요하다. 내가 처음 취직했을 때 어머니는 "유지, 너는 이제는 학생이 아니란다. 너는 책임감을 가져야만 한단다."라고 충고하셨다. 첫 상사도 마찬가지 충고를 했다. 시간이 가면서 같은 충고를 계속해서 들었다. 그래서 나는 자연히 점점 더 많은 안전 여유를 갖는 버릇이 생겼다.

그러나 어느 조직이든 과도한 안전 여유는 허용하지 않는다. 어떤 톱다운(Top-Down) 조직에서는 "납기는 이때까지야!"라는 '톱'의 한 마디에 납기가 결정기도 한다. 이런 경우라면 모든 안전 여유가 삭감되더라도 프로젝트 멤버들은 이를 그냥 수용할 수밖에 없다. 그러면 현장에는 불신이 쌓이기 시작한다. 프로젝트 멤버들은 안전 여유가 삭감될 것을 경험으로 알고 있으므로 나중에는 맨 처음부터 프로젝트 작업에 안전 여유를 훨씬 많이 넣고 일을 시작하려 하기 때문이다. 결국 한쪽에서는 안전 여유를 늘리고 그 위에서는 안전 여유를 줄이는 '악의 사이클'이 계속된다.

안전 여유가 있다면 사람들은 어떻게 일할까?

안전 여유가 조금이라도 있다면 사람들은 어떻게 일을 할까? 마감일까지 시간이 남아 있으면 '아직도 시간이 있다.'라고 생각하고 처음에는 천천히 일을 시작한다. 그러다가 마감일이 다가오면 밤을 새워 일을 해치운다.

이른바 '학생 증후군(Student Syndrome)'이다. 학창 시절 시험공부가 전형적인 예다. 처음 시작할 때는 교과서를 대충 읽어 보고는 '음…, 이 정도

학생 증후군 벌레(The Student Syndrome Bug)

학생 증후군 벌레는 '아직 시간이 충분히 있다.'라고 생각하고 기한이 임박할 때까지 움직이지 않는다. 사람이 학생 증후군에 걸리면 이 벌레가 뇌에 신호를 보내 마감일에 닥쳐 일할 때 좋은 기분을 느끼게 한다는 점에 유의해야 한다. 이런 행동이 계속되면 주위는 항상 어수선하고 사람은 만성적 과로에 처하게 된다고 보고되고 있다.

양이라면 천천히 시작해도 되겠네! 시험까지는 아직 시간이 있으니까.'라고 생각하고 있다가 어느새 시험 전날이 되면 그제야 '이제 본격적으로 공부해야지!' 한다. 하지만 시험까지는 앞으로 12시간밖에 남지 않았다. 밤새워 공부하는 수밖에 없다. 이런 것이 학생에게서만 볼 수 있는 현상일까?

안전 여유는 다 써버린다

설상가상으로 '사람은 주어진 예산과 시간을 있는 대로 다 사용해 버린다.'라는 파킨슨의 법칙(Parkinson's Law)이라는 것이 있다. 예를 들어 접대비 예산이 100만 원 있다고 하자. 월말까지는 아직도 3일이 남아 있다. 접대비 예산을 70만 원은 사용했지만 나머지 30만 원은 남아 있다. 당신이라면 어떻게 할 것인가? 대다수 사람들은 "월말까지 나머지 30만 원을 다 사용하자."라고 하지 않을까?

만약 30만 원을 남긴다면 경비 절감에 공헌했다고 칭찬받기는커녕 예산을 잘못 추정했다고 상사로부터 추궁당할 수도 있다. 심지어 다음 달 접대비 예산이 70만 원으로 삭감될 가능성도 있다.

파킨슨 법칙 벌레(The Parkinson's Law Bug)

파킨슨 법칙 벌레는 주어진 시간과 예산을 전부 써버리는 특징이 있다. 이 벌레는 모든 사람들에게 달라붙어 있다고 보고되고 있다. 섣불리 이 벌레를 퇴치하려고 하면 오히려 저항이 심하고 부작용도 크므로 주의해야 한다.

그렇다고 해서 결코 당신이 나쁜 사람이라는 말은 아니다. 오히려 당신은 책임감이 강한 사람이다. 낮에는 일상적인 영업 활동을 하기 위해 열심히 뛰어다니고, 밤에는 중요한 고객과 식사를 하면서 비즈니스에 관해 의논하고 있다. 이런 식으로 겨우 매달 실적을 달성하고 있다. 그리고 당신은 이렇게 생각한다.

'접대비 예산이 줄면 다음 달 영업 활동에 크게 지장을 받을 것이다. 그뿐 아니라 경쟁사가 주요 고객에게 식사 대접을 하면서 상담을 하게 될지도 모른다. 그런 일이 일어나면 큰일이다. 잠깐, 다음 달 예정된 활동을 이번 달로 당겨서 고객에게 식사 대접을 하면서 다음 달 수주분을 지금부터 대비해두자! 좋아, 그렇다면 이번 달 예산을 전부 쓸 수 있고, 이는 다음 달 매상과도 연결된다. 아니, 이달 실적에도 기여하게 될지 모른다.'

이렇게 해서 주어진 예산을 전부 써버리는 것이다.

사과 광택 내기

안전 여유가 있을 때는 일이 빨리 끝날 수도 있다. 그럴 때 당신은 어떻게 할 것인가? 예컨대 18일 걸릴 것으로 추정했던 작업이 3일 먼저 끝났다. 고객은 가능한 한 빨리 결과물을 받기 원하니 서둘러 보낼 수 있을 것이다.

그러나 잠깐! 약속보다 3일이나 먼저 고객에게 자료를 보내면 고객은 이 3일 동안 자료를 철저히 체크해서 여러 가지 수정을 요구할지 모른다. 그럴 바에는 내가 더욱 철저히 체크하고 고객이 더 기뻐하며 자료를 받을 수 있도록 삽화, 그림, 도표 등을 넣어서 더 산뜻하게 완성해두자. 제본도 보

'사과 광택 내기' 벌레
(The 'Polishing the Apple' Bug)

완성도를 높이기 위해 주어진 시간과 예산을 다 써버리는 벌레다. 겉으로 보기에는 아주 열심히 일하는 것처럼 보이기 때문에 발견하기 매우 어려운 종이다.

기 좋게 하면 고객이 더 기뻐할 것이다. 그러면 고객이 "다음에도 잘 부탁합니다."라고 말할지도 모른다.

반대로 15일 만에 고객에게 자료를 넘겨주면 고객은 다음부터 15일이라는 빡빡한 납기를 요구해올 것이므로 곤란하다. 그렇게 되면 다음 주문에서는 18일분의 비용을 받을 수 있을 것 같지도 않다. 오히려 15일분을 받게 될 것이다. 같은 분량의 일인데 받을 수 있는 돈이 줄어든다면 경영상 문제가 된다. 따라서 3일분은 역시 정성을 다해서 광택을 내는 것이 좋다.

다중 작업

프로젝트를 수행하면서 한 가지 일에 집중해서 일하기란 거의 불가능하다. 비즈니스는 항상 바쁘다. 고객 제일주의, 고객 만족도 향상 등 회사 방침 아래서 모두 필사적으로 활동하고 있다. 한편 경영 혁신 프로젝트의 활동 역시 중요하다. 또 중기 경영 계획 프로젝트도 있다.

그 위에 회사의 최우선 과제로서 리드타임 감축 프로젝트뿐만 아니라 원가 절감 프로젝트가 추가된다. 협업팀(CFT, Cross Functional Team)이 많이 운영되고 있으니 당신은 동시에 여러 프로젝트에 속해 있고, 따라서 두세 명의 상사에게 보고해야 하는 경우도 있다. 당신은 어느 상사도 실망시키고 싶지 않다. 모든 프로젝트가 매우 중요하고 또 회사의 최우선 과제이기 때문이다.

당신은 모든 프로젝트에서 성공하지 않으면 안 된다. 동시에 당신의 일상적인 업무도 중요하다. 이것저것 모두 성공시키지 않으면 안 되는 경우 아무래도 접시돌리기와 같이 동시 진행형 작업 즉, 다중 작업이 증가한다. 상황을 더욱 어렵게 만드는 것은, 늘 바쁘고 일 잘하는 사람에게는 일이 더욱 집중돼 그 사람의 작업장은 어디나 다중 작업 상태가 돼버린다는 것이다.

다중 작업 벌레(The Multitasking Bug)

다중 작업 벌레는 책임감이 강하고 일을 열심히 하는 것이 특징이다. 항상 많은 일에 손을 대고 있고 많은 일을 동시에 해내는 것을 기뻐하며 여기서 스릴과 즐거움마저 느끼고 있다. 한편 때로는 접시를 깨뜨려버리는 실패를 하는 경우도 있으므로 주의해야 한다. 안전 여유 벌레가 변이를 계속해서 결국 다중 작업 벌레로 진화한다는 설도 있다.

안전 여유는 정말로 나쁜 것일까?

안전 여유는 언뜻 나쁜 것으로 보일 수 있다. 하지만 실은 안전 여유는 프로젝트가 성공하는 데 반드시 필요한 도구로서 그 사용법이 있다.

다음에 나오는 이야기를 보자.

프로젝트 마을 이야기

극본 : 기시라 유지 | 삽화 : 기시라 마유코

옛날 옛적에 '프로젝트 마을'이 있었다. 이 마을에는 책임감이 아주 강한 부지런한 벌레들이 많이 있었다.

프로젝트 마을에는 항상 예상치 못한 일들이 발생했다. 폭풍이 온다든가, 갑자기 잘못된다든가 하는 것처럼 말이다.

03

예상치 못한 문제들을 자꾸 만나다 보니 벌레들이 하나씩 돌연변이를 일으켰다. 이 새로운 벌레들은 '안전 벌레(Safety Bug)'라고 불렸다. 여유를 최대한 쌓아두기 때문에 이런 이름이 붙었다. 안전 벌레들은 여유를 추가해 예상 소요 시간을 늘려 잡았기 때문에 인도 일자가 늦어지기 시작했다. 또 예산 초과 집행은 예사고 목표 사양(Target Specifications)은 희생되곤 했다. 이러한 것들은 마을의 커다란 문제가 됐다.

유명한 CCPM 가스가 안전 벌레들에 대한 특수 처방 약으로 살포됐다.

반드시 설명해야 할 것이 있다!

CCPM 가스는 물리학자인 엘리 골드랫 박사가 창안한 TOC(Theory Of Constraints, 제약 이론)를 기초로 해서 개발된 가스다. 이는 프로젝트 환경에서 나타나는 모든 문제 행동을 해결하는 획기적 신약이다.

와! '안전 벌레들'이 즉시 '의욕적인 벌레들(Motivated Bugs)'로 바뀌었다. 그런데 유독 이상한 벌레가 하나 있었다.

다른 벌레들은 '버퍼'를 즐겨 먹었는데 이 벌레는 그렇지 않았다. 이 벌레는 다른 어떤 것도 먹지 않았는데도 신기하게 마르지 않았다.

* CCPM의 프로젝트 버퍼를 말함

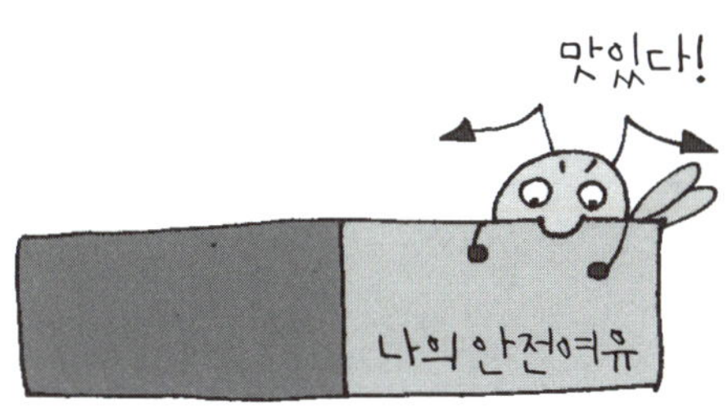

면밀한 연구 결과 이 벌레는 안전 여유를 숨겨 놓고 이것을 먹고 있었던 것으로 밝혀졌다. 그래서 이 벌레를 '숨겨진 안전 벌레(Hidden Safety Bug)'라고 불렀다.

'숨겨진 안전 벌레'에게 다이어트 처방을 실험적으로 시행했다. 숨겨진 여유를 완전히 제거해 이 벌레가 그것을 먹을 수 없게 했다.

'숨겨진 안전 벌레'는 곧 마르게 됐다.

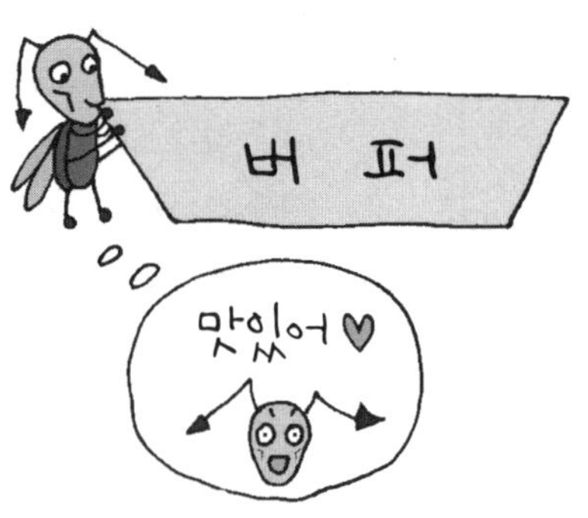

'숨겨진 안전 벌레'는 '버퍼'가 놀랄 정도로 맛있다는 걸 알고 조금 먹기로 결정했다.

그러자 '숨겨진 안전 벌레'는 갑자기 '의욕적인 벌레'로 변이됐다. 책임감이 아주 강해졌기 때문에 이렇게 불렸다.

'의욕적인 벌레'가 여기저기 흔해졌다. 그들의 책임감은 누구보다 강했기 때문에 어려움에 처한 모든 이들을 돌봐줬다. 더 이상 납기 지연이나 예산 초과 집행도 사양 희생도 없었다. 프로젝트 마을은 영원히 번성했다.

해피 엔딩!

안전 여유 사용법

1

안전 여유는 항상 나쁜 것인가?

안전 여유를 둘러싼 대립

안전 여유를 다룬다고 하면 일반적으로 나쁜 이미지가 있다. 안전 여유가 항상 나쁜 것이라면 안전 여유를 전부 제거해버리면 되지 않을까? 만약 안전 여유를 모두 제거하면 프로젝트는 어떻게 될까?

- 일에서 여유가 없어진다.
- 문제가 생기면 이를 해결할 수 있는 조치를 취할 여지가 없다.
- 여유가 없기 때문에 다른 프로젝트가 궁지에 빠졌을 때도 도와줄 수 없다.

여유가 없는 상황에서 "다른 팀원을 도와줘라." 라고 상사가 말한다면 "저야말로 도움이 필요한대요!"라고 말하고 싶을 것이다. 결국 서로 여유가 없어지고 일은 어려워진다. 자신이 처리해야 할 일이 많으면 다른 사람의 일을 도울 수 없다. 팀워크가 없어지는 것이다. 일터는 점점 더 각박해진다. 당연히 일은 고통스러워진다.

그렇다면 안전 여유는 정말 나쁜 것일까? 현실을 다시 확인해보자.

- 프로젝트 자체가 한 번도 해본 적이 없는 것이라면 이는 불확실한 것이다. 불확실성을 다루려면 안전 여유가 필요하다.
- 납기와 예산에 대해 책임이 있다면 약속을 지키기 위해 안전 여유는 절대적으로 필요하다.

두 가지 모두 현실적으로 맞는 이야기다. 그러면 '안전 여유를 갖는다.'와 '안전 여유를 갖지 않는다.'가 서로 대립한다는 것은 더욱 분명해진다. 오른쪽 그림은 그 대립을 나타낸 것이다.

계속해서 이익을 내려면 많은 일을 소화해내야 한다. 많은 일을 소화하려면 현장에서는 작업 소요 기간에 안전 여유 시간을 두지 말아야 한다. 그래야 작업 효율(프로젝트 멤버를 효과적으로 이용함)을 최대화할 수 있기 때문이다. 일반적으로 '안전 여유가 있다면, 프로젝트 자원의 활용과 운영 효율이 떨어진다.'라고 생각하는 것이다.

한편 계속해서 이익을 내려면 일의 품질을 높여야 한다. 이를 위해서는 안전 여유를 가져야 한다. 프로젝트는 불확실해서 어떤 일이 일어날지 알수 없기 때문이다. 그래서 품질을 확보하기 위해 안전 여유가 필요한 것이다. 나도 프로젝트 리더였을 때 안전 여유를 매우 좋아했다. 지속적으로 성

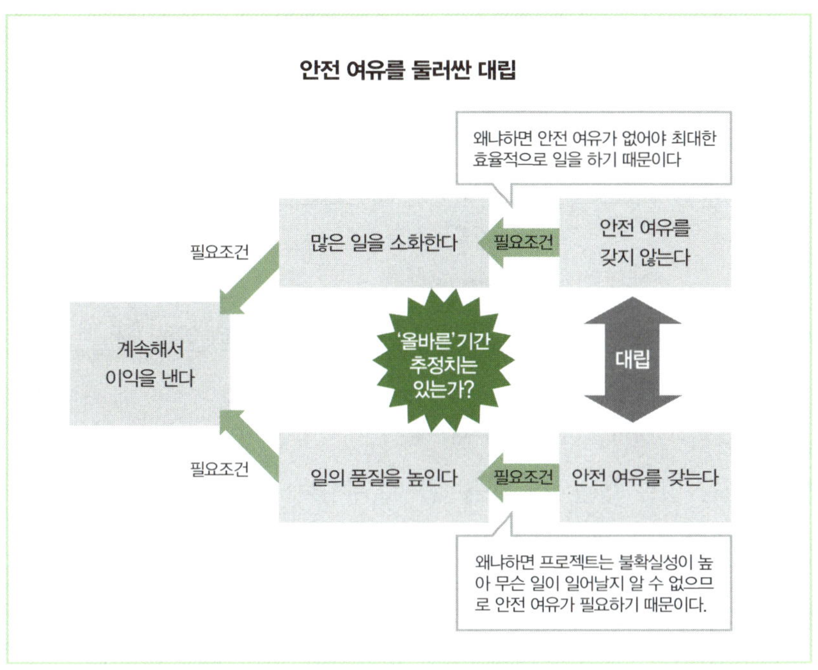

공할 수 있었던 비결이었기 때문이다. 그러나 직급이 위로 올라갈수록 나는 점차 안전 여유를 싫어하게 됐다. 안전 여유가 조직의 효율을 떨어뜨린다고 믿게 됐기 때문이다. 한때 성공의 비결이라고 찬사를 보냈던 것을 나중에 부정하게 됐다(세상은 복잡하다…).

그렇다면 안전 여유는 어느 정도 필요한 것일까? 어떻게 하면 작업 소요 기간을 올바로 측정할 수 있을까? 이런 논의가 시작되면 수많은 소위 알파벳 세 글자로 된 과학적 경영 기법들을 사용하는 것으로 이야기가 넘어가곤 한다.

솔직하게 이야기해보자. 프로젝트라는 것이 지금까지 한 번도 해본 적이 없는 일을 하는 것이라면, '정확하게' 안전 여유를 계산하는 것이 과연 가능한가?

이렇게 어려운 논의에 들어가기 전에 생각해 볼 것이 있다. 과연 타협하지 않고 '안전 여유를 갖는다.'와 '안전 여유를 갖지 않는다.' 간의 대립을 없앨 수 있는 방법은 있는가? 즉, 안전 여유를 적당히 가지고 있으면서 더 많은 일을 소화하고 품질을 높여서 계속 이익을 내는 방법은 있는가?

유능한 사람은 안전 여유 보유법과 사용법을 안다

직장인으로 첫출발을 했을 무렵 상사의 지도를 받은 경험이 있을 것이다. 그때는 '얼굴 보는 것도 싫을 정도로 무섭다!'라고 생각했던 상사가 시간이 지나면서 '그때 엄격히 단련시켜줬기 때문에 지금의 내가 있다.'라고 고마워해본 적이 있을 것이다. 또 '무서운 상사'라고 생각했던 사람이 어찌된 일인지 주위로부터 존경과 신뢰를 받는 것을 많이 봤을 것이다.

보통 무서운 상사는 항상 '엄격한 납기'를 요구한다. 아래 두 사람의 대화를 들어보자.

상사 : 이 서류를 다음 주까지 작성해주기 바라네.

부하 : 그건 무리입니다. 한 4주는 주셔야 합니다.

상사 : 말도 안돼. 시간을 충분히 주면 누구라도 할 수 있어. 잘 생각해
　　　보고 마무리하게.

부하 : 아무래도 3주는 필요합니다.

상사 : 그럼 2주의 시간을 주겠네. 내가 하면 2주보다도 훨씬 적게 걸
　　　릴 거야.

부하 : 그럼 하는 방법을 가르쳐주실 수 있습니까?

상사 : 아니, 그렇게 하지 않겠네. 이런 걸 경험해본 선배에게 물어봐. 기
간은 2주네. 알겠나?

부하 : 네, 해보겠습니다.

안전 여유를 제거하면 사람의 행동은 더욱 바람직해진다. 위 대화에서 부하는 이런 일은 처음 해본다. 해본 적이 없기 때문에 불확실성이 높다. 무슨 일이 일어날지 알지 못한다. 불확실성이 높기 때문에 안전 여유가 필요해진다. 하지만 상사는 이 부하 직원에게 2주간의 납기로 자료를 작성하게 한다. 이러한 상황에서 다음과 같은 일이 일어나고 있다.

– 엄격한 납기를 요구함으로써 부하는 자신만의 방식으로는 상사가 요구하는 시간에 맞출 수 없다고 생각한다.

– 엄격한 납기를 맞추기 위해 부하는 다른 사람에게 배우게 된다.

엄격하게 정해진 납기 안에 일을 해내기 위해 이 부하는 일하는 방법을 배울 뿐만 아니라 일을 더 빨리 하는 방법은 없는지 매일 창의적인 연구를 하게 될 것이다.

한편 자신이 원래 요구했던 안전 여유 시간을 넣어 4주 동안 일하게 될 경우 자기 방식으로 일하게 될 것이다. 본인은 나름대로 열심히 한다고 생각하지만 경험이 없기 때문에 납기가 다 돼서 체크를 해보면, 상사가 "어째서 아직도 이런 상태인가. 문제가 있으면 너무 늦기 전에 내게 보고하라고

하지 않았나! 내가 몇 번이나 사전 관리(너무 늦기 전에 조치를 취하는 것)가 중요하다고 얘기하지 않았나?"라고 꾸짖을 가능성이 크다. 본인은 열심히 했다지만 '자기만' 열심히 한 것이다.

그러나 부하 직원에게 엄격한 납기를 요구하는 순간 그가 일하는 방식은 180도 달라진다. 자기만의 방식으로는 엄격한 납기를 맞출 수 없다. 따라서 주위 선배에게 일하는 방식을 알려달라고 한다. 선배 또한 후배가 처음으로 찾아와서 알려달라고 하니까 이렇게 저렇게 친절하게 지도해준다. 이렇게 되면 조직의 해당 분야에서 오랜 기간 축적된 지혜가 초보자에게 쉽게 전수된다. 이렇게 전수되는 지혜는 밀도도 높다.

그뿐 아니라 자료를 작성하는 업무에서도 불확실성이 현저히 줄어든다. 수년간 축적된 조직의 경험과 지식이 논의되고 공유되면서 자료 작성 업무에 반영되기 때문이다.

좋은 상사는 대체로 엄격하다. 그들은 위에서 말한 것들을 체험적으로 알고 있기 때문이다. 그래서 당신의 성장을 위해서도, 조직의 지혜를 계승하기 위해서도, 불확실성을 줄이고 프로젝트의 성공률을 높이기 위해서도 항상 납기를 엄격하게 요구한다.

사실 나도 아주 엄격한 상사를 여러 분 모셨다. 당시에는 그들을 싫어했으나 지금은 존경해 마지않는다. 나의 오늘을 만든 것이 그들의 엄격함이기 때문이다.

경영 현장에는 어려운 프로젝트를 성공으로 이끈 뛰어난 매니저들이 많이 있다. 나는 이런 사람을 수백 명 만났고 그들의 성공 뒤에는 공통된 노하우가 있다는 것을 발견했다. 이는 그들이 많이 쓰는 용어인 '조율', '준비가 8할', '사전 관리', '여유'에 담겨 있다. 그들은 "이런 노하우가 프로젝트를 성공시키기 위해 배워야 할 핵심 교훈이지만, 이를 터득하려면 현장에서 여러 해 동안 경험을 쌓아야 한다."라고 말한다. 이는 마치 (닌자들 사이에 쓰는 용어 같은) '비법'이라고 부르는 숨겨진 지식과도 같다. 여기서 비법이란 오랜 기간 체험을 통해 훈련된 사람에게만 전수되는 비밀 핵심 교훈을 말한다.

2

숨겨진 여유 드러내기

다중 작업을 피하면서 하나의 일에 집중하기

오른쪽 도표를 보자. 가장 긴 경로는 30일이 소요된다. 당신에게는 도표처럼 파란색▪으로 표시된 8일과 6일의 두 가지 작업이 할당됐다. 물론 당신은 다중 작업을 원치 않는다. 상식적으로 당신은 한 시점에, 단 하나의 작업에 집중해야 훨씬 더 좋은 성과를 낸다. 하지만 불행히도 현실 세계는 상식대로 돌아가지 않고 있다. 심한 경쟁으로 인한 시장으로부터의 커다란 압력 때문에 당신은 이 프로젝트를 30일 내에 완료해야 한다.

그런데 당신이 한 시점에는 하나의 작업에 집중할 수 있도록 (당신이 두 작업을 같이 하지 않도록) 작업 시점이 옮겨진다면 프로젝트의 소요 기간은 6일이 늘어 36일이 될 것이다. 당신의 상사는 분명히 이를 좋아하지 않을 것이다. 어쩌면 당신의 상사는 하루가 8시간이 아니라 24시간으로 되어 있고, 한 주가 5일이 아니라 7일이라고 생각할지 모르겠다 (나는 비틀스의 노래

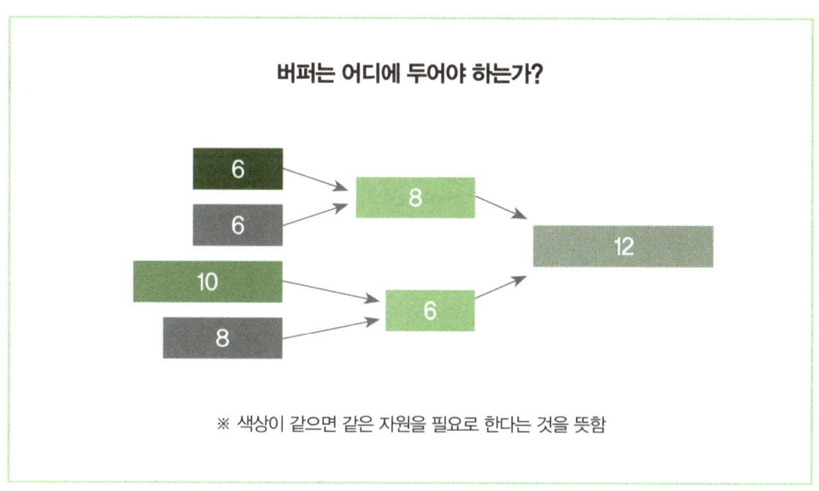

'Eight Days a Week'를 좋아하지만 직장 생활이 그런 것은 좋아하지 않는다).

이론적으로 당신은 6일 동안 매일 (정규 근무 시간 8시간의 두 배씩) 16시간을 일해야 당신이 맡은 두 가지 작업을 동시에 수행하고, 또 30일 만에 일을 완료하라는 조건을 만족시킬 수 있다. 당신의 상사는 보너스 또는 휴가를 제안함으로써 당신이 이 조건을 받아들이도록 협상을 할 것이다. 당신은 이에 대해 가부를 말할 수 있다. 그러나 만약 당신이 '아니오.'라고 말하면, 당신은 상사와 더 깊은 대화를 해야 할 것이다. 보상이나 팀워크 정신, 긴급성, 책임감 등 당신이 매일매일 어디서나 들어온 익숙한 개념(회사의 구호, 사훈, 팀워크 등)에 관해서 철학적 토론(때로 '당근과 채찍'이라고 불리는)을 하게 될지도 모른다는 것이다.

물론 당신은 두 가지 작업을 동시에 하는 것에 동의할 수 있다. 그러나 이 경우 당신은 상사에게 '이 기간에는 이 일들에만 집중할 수 있게 해주십시오.'와 같은 조건을 붙일 것이고, 대부분 상사는 이 제안을 받아들일 것이다. 계획 단계에서 볼 수 있는 전형적인 모습이다.

일정이 빡빡하기 때문에 당신은 납기까지 두 가지 작업을 완료하기 위해 일을 어떻게 진행해야 할지 진지하게 고민해야만 한다. 물론 당신은 다중 작업은 하지 않을 것이다. 다중 작업은 당신의 능률과 작업 품질을 더 나쁘게 할 뿐이기 때문이다. 달리 말해 당신은 한 가지 일을 조금 하고 나서, 다른 일을 조금 하고, 그러고 다시 그전 일을 하는 식으로 작업 계획을 결코 세우지 않을 것이다. 이는 상식이다.

상사는 두 가지 일을 동시에 하도록 당신을 잘 설득했다. 그러고 나서 상사는 작업 진도에 대해 걱정하기 시작한다. 상사가 당신이 두 가지 일을 받아들이도록 설득했지만, 상사는 당신이 다중 작업을 할 수밖에 없다는 것을 잘 알고 있기 때문이다. 이 같은 이유로 당신의 상사는 계속해서 작업의 진척 상황에 대해 물어보려고 할 것이다.

"8일 소요 작업의 상태는 어떤가? 6일 소요 작업은 어떻고?"

당신이 한 가지 작업에만 집중했다면 다른 한 가지 작업은 하지 않았을 것이다. 그렇다면 두 작업 중 하나는 전혀 진척이 없다는 이야기다. 이는 상사를 더 걱정하게 하고 진척 상황을 더 강하게 모니터링하게 한다. 물론 당신의 상사는 좋은 의도로 이렇게 하는 것이다. 상사에게는 납기를 준수하려면 진척 상황을 모니터링해야 한다는 믿음이 있다. 자신이 당신에게 두 가지 일을 동시에 하라고 요구했기 때문에 더욱 그래야 한다고 생각한다. 회사의 문제를 분석해보면 대부분은 결과를 좋게 하려는 좋은 의도와 바람 때문에 나타난다. 하지만 결과는 정반대다. 안타까운 이야기다. 이처럼 상사의 개입이 많아지면 당신은 더욱 신경이 쓰여서 하나의 일에 집중

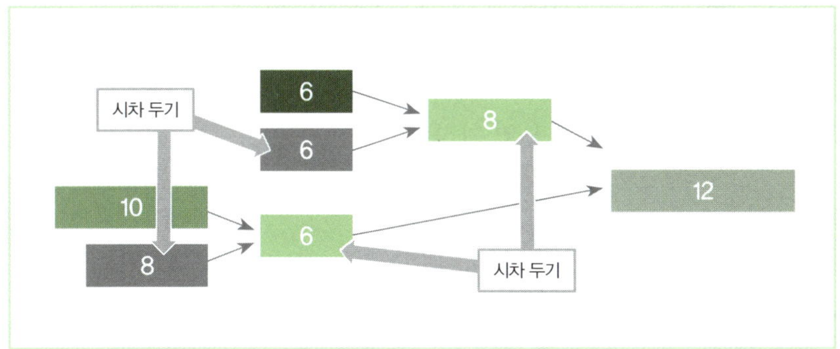

하지 못하고 (상사와의 충돌을 피하기 위해) 결국 다른 일을 같이 하도록 만든다. 이것이 이른바 '다중 작업'이라는 것이다.[13]

다중 작업을 피하려면 8일 소요 작업과 6일 소요 작업은 착수 시점에 시차를 둬야 한다. 그러면 당신은 한 시점에 하나의 작업에만 집중할 수 있어서 작업의 질과 속도가 크게 좋아질 것이다. 그러나 이렇게 하려면 소요 기간이 30일에서 36일로 늘어나야 하는데, 이는 상사와 고객이 수용하기 어렵다.

---

13 당신의 상사는 당신을 능력 있고 믿을 만한 사람이라고 생각한다. 그래서 당신에게 작업 계획을 세우라고 한 것이다. 보통 프로젝트 멤버들은 똑똑하고, 효과적으로 계획을 수립하는 능력이 있다는 신뢰를 받고 있다. 당신의 상사는 당신이 유능하리라고 믿는 것이다. 당신이 상사보다 작업에 대해 더 잘 알고 있기 때문이다. 하지만 실행 단계에서는 얘기가 전혀 달라진다. 상사는 계획 단계에서 당신이 잘하리라고 믿었을 뿐이기 때문에 현재 당신이 하고 있는 세부적인 작업에 대해서는 잘 모른다. 그래서 상사는 일이 잘 실행되고 있는지 걱정돼 진척 상황을 더 면밀히 모니터링하려 할 것이다. 이는 상사가 당신을 믿지 않는다는 의미는 아니다. 흥미로운 것은 상사가 신뢰하는 정도는 계획 단계와 실행 단계에서 차이가 난다는 점이다.

팀워크를 쌓음으로써 작업의 질을 높인다

아래 그림을 주의 깊게 보면 가장 긴 사슬을 찾아낼 수 있다. 이 사슬은 '크리티컬 체인(Critical Chain)'이라고 불리며 프로젝트 리드타임을 줄이기 위해 관심을 집중해야 할 부분이다.[14]

'크리티컬 체인'은 10일, 6일, 8일, 12일 작업들로 구성돼 있다. 우선 10일 작업을 보자. 여기에는 여유가 들어 있다. 사람들이 납기를 지키려는 책임감을 갖고 있기 때문이다. 앞에서 소개한 상사와 부하 간 대화에서 상사는 부하를 설득해 원래 작업 소요 기간 추정치인 4주 대신에 2주를 받아들이도록 했다. 그러나 대부분의 경우 당신이 경험과 능력이 많은 사람이 아니라면, 이는 성취하기가 매우 어렵다.

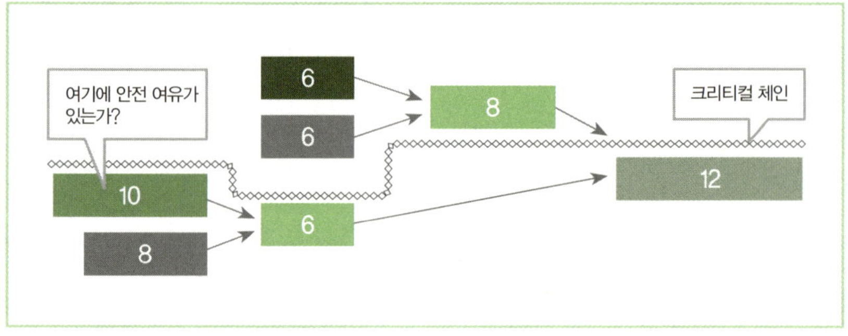

그런데 작업에서 여유를 제거할 수 있는 훨씬 쉬운 방법이 있다. 작업 소요 기간을 '과감하지만 실현 가능한(ABP, Aggressive But Possible)' 값으로

---

14 이 방법은 엘리 골드랫 박사가 창안한 크리티컬 체인 프로젝트 관리(CCPM, Critical Chain Project Management)로 알려져 있다. 그의 저서《한계를 넘어서 Critical Chain》를 꼭 읽어보기 바란다.

추정한 후 이 작업 소요 기간에 50% 버퍼를 주는 것이다. 아래 대화를 보면 더 이해하기 쉬울 것이다.

상사 : 10일이라고? 너무 길다고 생각하지 않아? (상사는 이 작업 소요 시간 추정치에 여유가 들어가 있지는 않은지 의심하고 있다. 당신이 책임감이 있다면, 분명 약간의 여유가 있을 것이다. 그래서 상사는 다음과 같은 질문을 던진다.) 당신, 책임감이 있지?

부하 : 물론 있습니다.

상사 : 그러면 10일 작업하는 데 분명히 여유를 갖고 있겠네, 맞지?

부하 : 10일은 진짜 과감한 수치입니다. 이 작업에는 불확실성이 아주 많으니까요.

상사 : 있잖아, 목표 리드타임으로 7일간이면 어때? 7일이라고 약속할 필요는 없어. 단지 7일을 목표로 생각하는 거야. 당신이 필요하다고 하면, 나는 당신에게 7일의 절반인 3.5일을 버퍼로 주겠네. 달리 말해서 10.5일까지 걸려도 지연에 대한 불이익은 없을 것이네. 10.5일은 10일보다 길지.

부하 : 10.5일까지는 불이익이 없다고요? 정말입니까? 그러면 저는 10.5일을 받아들이겠습니다. 그런데 제가 7일 내에 끝내면 저희 팀이 3.5일 동안 휴가를 받을 수 있습니까? 그러면 저희 팀은 이 제안을 아주 좋아할 겁니다.

상사 : 물론 그럴 수 있지. 하지만 3.5일간의 휴가를 얻으려면 반드시 7일 내에 완료한다는 다짐을 받아야겠네.

부하 : 글쎄요, 저는 팀원들과 구체적으로 어떻게 할지 의논해봐야겠습니다. 7일 내에 작업을 끝내면 3.5일 휴가를 받게 된다고 말하면 분명히 팀원들 사기는 크게 올라갈 겁니다. 7일 내에 작업을 완료하고 나서 팀에서 단체로 온천으로 휴가를 가고 싶습니다. 지금 여행사에 일정을 알아봐야겠는데요.

상사 : 정말인가? 팀 목표가 7일이면, 당신이 방금 이야기한 불확실성에 대해 진지하게 생각해 본다면 작업이 늦어질 가능성도 있겠지. 당신도 말했지만 이 작업은 불확실성이 크다는 것을 다시 한 번 알려주고 싶네.

부하 : 저는 저희 팀이 7일 내에 확실히 작업을 완료하기 위해서 팀 내부적으로는 5일을 목표로 해야 한다고 생각합니다.

상사 : 좋았어. 작업을 5일 내에 끝내려면 내가 뭘 도와주면 되겠나? 난 우리가 진짜 그렇게 할 수 있다고 생각하네.

부하 : 와! 멋지십니다. 저희 계획 회의에 참석해 주시겠습니까? 저는 상사님의 경험과 지식을 저희 팀원들이 공유하도록 해주셨으면 합니다. 그러면 저희는 아주 좋은 계획을 마련할 수 있을 겁니다.

이상과 같은 대화를 한 결과 모든 작업은 '과감하지만 실현 가능한' 목표 리드타임과 '여유' 두 부분으로 나뉠 것이다. 이에 대해서는 경험 많은 베테랑들을 포함시켜 팀원들과 함께 논의할 것을 권장한다. 이 같은 논의를 함으로써 조직 내 베테랑 인력의 지식과 경험이 젊은 세대에 쉽고 자연스럽게 전수된다.

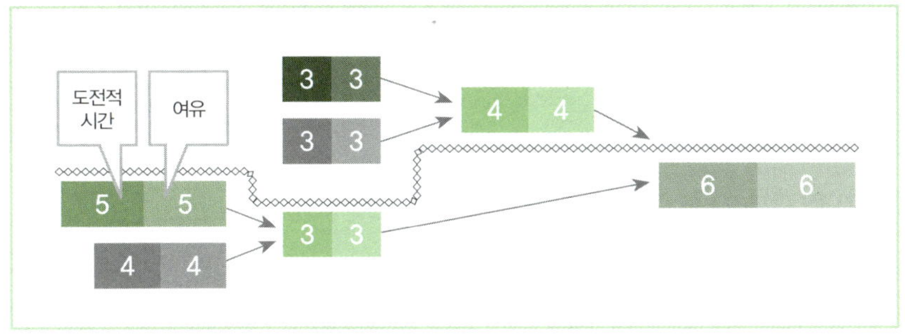

위에서 언급한 것이 단지 일정 계획에서의 조그만 변화쯤으로 보일 수도 있다. 그러나 이런 작은 변화를 통해 프로젝트 멤버들의 행동은 극적으로 바뀐다.

(숨겨진 여유를 포함해) 작업 소요 기간이 10일로 책정된 경우 프로젝트 멤버들이 예상치 않은 난관을 만난다면(프로젝트에서 이는 당연한 것이다) 그들은 자신만의 여유를 사용해 문제를 해결하려고 노력할 것이다. 그들 모두 작업을 10일 내에 끝내겠다는 책임감을 갖고 있기 때문이다. 그들은 최대한 노력할 것이다. 그러나 난관이 그들 능력을 넘어서는 것이라면, 상사에게 이에 대해 보고하고 이를 어떻게 다룰지 의논하게 된다. 보통 이런 문제는 상사에게 마지막 순간에 보고된다. 그런데 이렇게 작업 납기에 거의 이르렀을 때는 이미 조치를 취하기에는 너무 늦다. 그렇다면 왜 항상 마지막 순간인가? 논리적으로 생각해보면 단순하다. 프로젝트 멤버들은 자신만의 여유를 갖고 있기 때문에 그들은 자연히 어떠한 불확실성도 자신만의 여유를 사용해서 관리하려고 노력한다. 바로 책임감 때문이다.

그들은 이렇게 말할 것이다.

"상사님, 우리는 매우 열심히 이 작업을 해왔습니다. 하지만 예상치 못한 문제가 나타나 작업이 지연되고 있습니다. 작업을 완료하려면 며칠 더 필요할 것 같습니다."

상사는 다음과 같이 응대할 것이다.

"왜 당신들은 문제가 발생하면 그렇게 오랫동안 내버려 뒀다가 조치를 취하기 어려운 시점이 돼서야 보고하는 건가? 내가 문제가 생기면 너무 늦기 전에, 가능한 한 일찍 보고해야 된다고 계속해서 말하지 않았나? 사전 관리가 중요하다고 얼마나 더 얘기를 해야 알아듣겠나?!"

그러나 5일 만에 작업을 마치는 것을 목표로 두고, 5일 동안 여유를 둔 경우에는 얘기가 전혀 달라진다. 5일 만에 작업을 끝내면, 즉 모든 것이 순조롭게 풀리면 5일간의 휴가를 기대할 수 있기 때문에 프로젝트 멤버들은 아주 의욕적으로 5일보다 더 빨리 작업을 끝내려고 할 것이다. 또 이를 위해 작업에 착수하기 전에 경험 많은 베테랑들의 도움을 받아 더 철저히 준비할 것이다. 작업 도중 예상치 못한 문제가 발생하면 (휴가 기간을 단축시키고 싶지 않기 때문에[15]) 프로젝트 멤버들 간에 그 내용을 공유하고, 상사에게도 즉시 보고해 팀 전체가 가능한 한 빨리 대응책을 마련해 이를 행동으로 옮길 것이다.

왜 팀 전체인가? 여유는 원래 다 같이 느끼는 책임감에서 나왔기 때문이다. 우리는 이것을 '팀워크'라고 부른다. 달리 말해 여유는 공유될 때 비로소 팀워크의 원천으로 변화한다. 예전에 어느 기업에서 일할 때 상사로부터 팀워크가 중요하다는 얘기를 귀에 못이 박히도록 들었다. 그래서 팀워

---

15 여기서 휴가는 프로젝트에서 '당근' 역할을 한다.

크는 중요하지만 구축하기 매우 어려운 것이라고 생각하기도 했다. 하지만 지금은 그렇지 않다. 팀 전체가 여유를 공유함으로써 팀워크가 구축된다는 것을 알고 있기 때문이다. 이는 현장에 고통을 주지 않는 훨씬 쉽고도 실용적인 방법이다.

크리티컬 체인을 보호하기 위한 공급 체인

우리는 한 가지 사항을 더 알아야만 한다. 만약 크리티컬 체인에 합류되는 공급 체인(Feeding Chain)을 구성하는 작업들이 지연되면 크리티컬 체인 일정이 늘어날 것이다. 이를 피하기 위해 당신은 공급 체인상에 있는 작업들에 대해서도 앞에서와 마찬가지로 할 수 있다. 그러면 팀원들은 책임감을 공유하게 될 것이고, 팀워크는 크리티컬 체인을 공급 체인상의 지연으로부터 보호할 것이다.

팀워크를 통해 전체적 의사 결정하기

불확실성은 프로젝트의 당연한 속성이다. 종종 예상치 못한 문제 때문에 새로운 작업들이 추가돼 프로젝트의 범위가 커진다. 프로젝트 멤버들은 특히 고객과의 향후 관계를 고려해서 이렇게 프로젝트의 범위가 커지는 것을 별로 대수롭지 않게 생각할지 모른다(프로젝트 멤버들은 회사로부터 고객 만족에 대해 계속해서 듣고 있다).

프로젝트 멤버들이 여유를 가지고 있는 경우 회사에서 고객 만족을 추구하라고 정책적으로 계속 요구하기 때문에 새로운 작업들을 국지적 결정 (Local Decision) 과제로서 기꺼이 받아들인다. 대개 프로젝트 멤버들은 고객과 직접 의사소통을 하기 때문에 고객이 기뻐할 수 있도록 최선을 다한다.

물론 고객을 기쁘게 하는 것은 매우 좋은 일이다. 그러나 전체 관점에서 프로젝트를 보면 이는 반드시 좋은 것만은 아니다. 고객을 만족시키기 위해 프로젝트에 작은 변경 사항이 추가되다 보면 심각한 문제가 발생할 수도 있다. 특히 납기는 빡빡한데 경영진이 처음에는 빠뜨렸다가 프로젝트 진행 중에 고객을 만족시키는 것보다 더 중요한 요청을 하게 된다면 말이다.

한편 '과감하지만 실현 가능한' 목표 소요 기간을 채택하고 있을 때는 얘기가 달라진다. 프로젝트 멤버들은 더 이상 국지적 차원에서 추가로 발생하는 작업을 받아들일 수 없다. 그들에게는 자신만의 (개인적) 여유가 더는 없기 때문이다.

추가적으로 어떤 요청이 들어오더라도 이를 수용할지 말지 판단하기 위해 (여유를 전체 관점에서 관리하는) 상사에게 즉각 보고할 것이다. (책임감에 대응하는) 여유는 전체 프로젝트 수준에서 갖고 있는 것이므로 당연히 의사 결정도 프로젝트를 전체적 관점에서 파악하고 내려야 한다.

프로젝트 멤버들이 집중하게 하기

작업 소요 기간이 빡빡하면 프로젝트 멤버들도 좋다. 경영진은 프로젝트 멤버들이 '과감하지만 실현 가능한' 50/50 작업 소요 기간 내에 작업을 완료하기 위해 매우 열심히 일하고 있다는 것을 안다. 이런 상황에서 고위 경영자들조차 프로젝트에 다른 작업을 쉽게 추가할 수 없다. 이렇게 하면 프로젝트 진도가 안 나갈 것이라는 것을 알기 때문이다.

요컨대 추가 작업을 더 요구했다면 프로젝트 지연에 대한 책임은 분명 경영진에 있다. 따라서 경영진은 어떠한 변경 사항에 대해서도 더 신중히 검토할 것이고, 프로젝트 멤버들을 이런 검토 과정에 참여시킴으로써 그들이 전체적인 시각을 갖도록 할 것이다. 그러면 프로젝트 멤버들은 각 작업이 경영자의 관점에서 프로젝트 목표와 어떻게 연결돼 있는지 이해하게 된다.

전사적인 신뢰 구축하기

회사 전체에서 신뢰 관계가 구축된다면 어떨까? 이렇게 되면 팀원들은 자신에게 할당된 작업에 집중할 수 있는 매우 좋은 작업 환경을 갖게 된다. 팀원들은 자신이 맡은 작업이 회사의 경영 목표와 더욱 밀접하게 연관돼 있음을 이해하고 작업에 임하며, 경영진으로부터 더 많은 지원을 받는다. 그 결과 전사적으로 신뢰를 증대시킨다.

프로젝트는 본질적으로 불확실하기 때문에 사람들은 여유를 필요로 한다. 그러나 여유가 숨어 있을 때는 상호 간에 불신이 생길 수 있다. 여유를 공유하면, 팀워크의 원천으로 사용될 수 있다. 여유를 공유한다는 것은 책임을 공유하는 것이기 때문이다. 여유를 공유하는 것이야말로 전사적으로 신뢰를 구축하는 출발점이다.

눈썰미로 경험을 훔친다

이것은 경험 있는 프로젝트 매니저들이
현장에서 사용하는 가장 흔한 금언 중
하나다. 그들은 이것이 경험과 지식을
젊은 세대에게 전수하는 가장 좋은 방법
이라고 믿고 있다.

베테랑들이 하는 것을 봄으로써 젊은 세대는 그 의미
와 '생각' 연마에 대해 이해하게 될 것이다. 이는 아주 좋은 방
법이긴 하지만 단 한 가지 문제가 있다. 이렇게 되는 데 시간이 너
무 많이 걸린다는 것이다.

3

버퍼는 어디에 둬야 하는가?

프로젝트에 팀워크를 생성하기

안전 여유가 뭔지, 그리고 안전 여유를 공유하면 팀워크가 생긴다는 것을 알았다. 이렇게만 하면 프로젝트 차원에서 매우 쉽게 팀워크를 구축할 수 있다. 모든 작업의 개별적인 안전 여유를 한 군데로 모으기만 하면 되기 때문이다. 즉, 프로젝트 팀이 안전 여유와 각 작업에 대한 책임감을 공유할 수 있게 된다. 달리 말하면 모든 책임은 하나가 되어 팀 내에서 공유된다. 이것을 '팀워크'라고 부른다. 이렇게 공유되는 안전 여유를 '프로젝트 버퍼(Project Buffer)'라고 한다. 프로젝트 버퍼는 프로젝트의 불확실성으로부터 납기를 보호한다.

크리티컬 체인상에 있는 개별 작업의 담당자들은 개별적인 안전 여유를 갖고 있지 않다. 따라서 그들은 다중 작업을 발생시킬 만한 또 다른 일을 맡지 않고 한 가지 작업에만 집중해야 한다. 크리티컬 체인상의 다음 작업

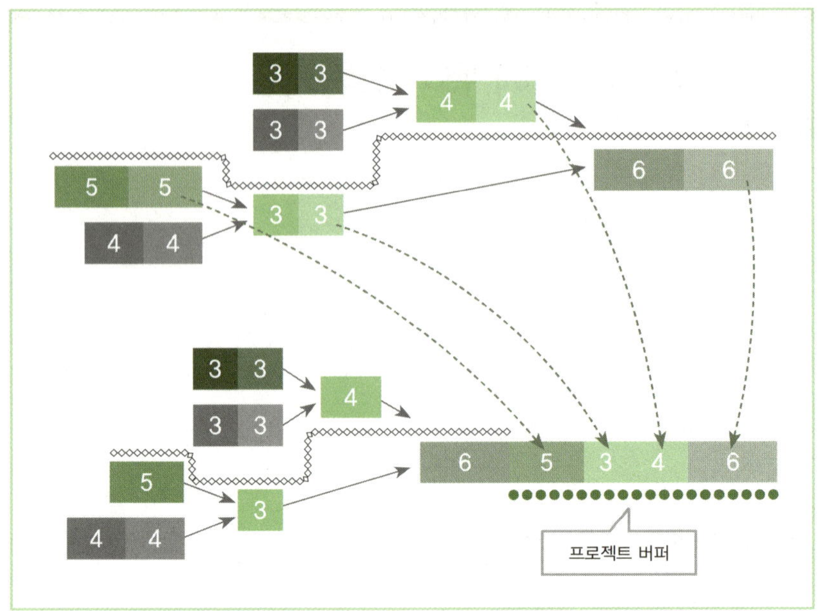

담당자는 마치 릴레이 경주에서 주자가 배턴 터치를 진지하게 기다리는 것처럼 자신의 작업을 시작할 수 있기를 고대한다.[16]

크리티컬 체인상의 작업들은 실제로 순차적으로 진행된다. 마치 작업들이 하나의 사슬로 연결돼 있고, 이 사슬은 '과감하지만 실현 가능한' 도전적인 소요 기간을 갖고 있으며, 끝에 프로젝트 버퍼가 붙어 있다. 이로써 프로젝트 매니저와 작업 담당자들은 프로젝트의 납기를 불확실성으로부터 보호할 수 있다.

---

16 오노 다이이치 박사는 저서 《도요타 생산방식 Toyota Production System》에서 '릴레이 경주자 의식'이 중요하다고 강조했다. TOC를 점점 깊게 배워가면서 도요타 생산 시스템의 훌륭함에 더욱 매료됐다.

팀워크 의식은 안전 여유의 위치에 따라 달라진다

아래 그림을 보면 안전 여유를 둘지, 아니면 안전 여유를 제거할지가 매우 분명해진다.

개별 작업에 안전 여유가 있으면 작업 담당자들이 개인플레이를 하게 돼 당신 또는 당신 팀이 책임을 혼자 지고 가야만 한다. 그러나 안전 여유가

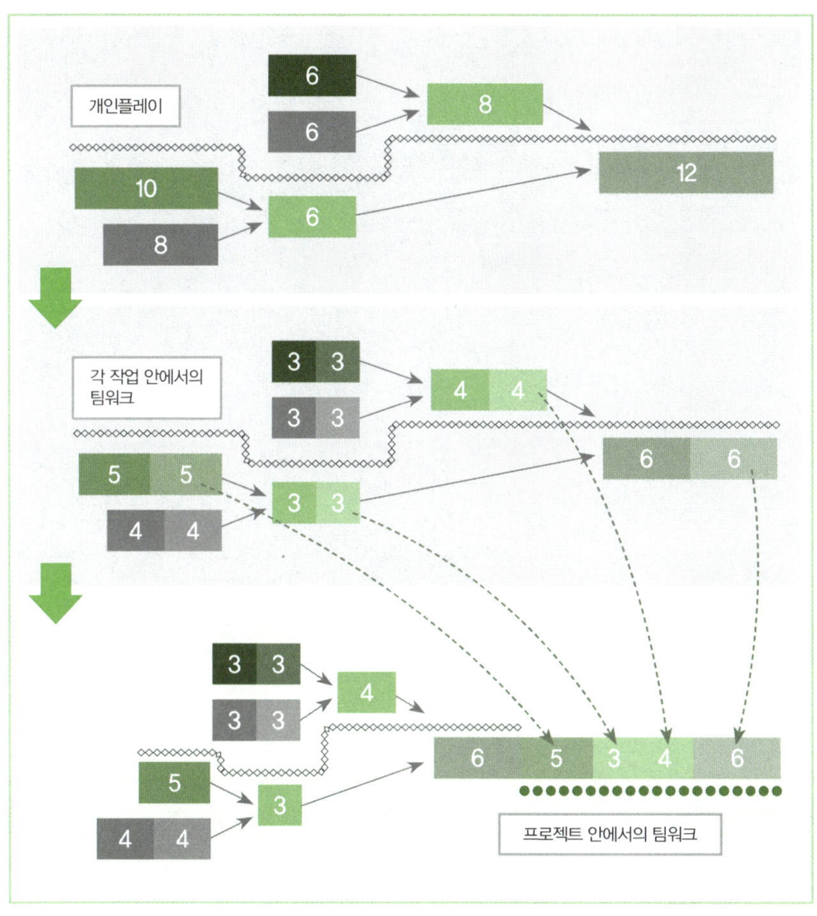

작업 담당자들 사이에 공유되면 팀워크가 전사적으로 생겨난다.[17] 그러므로 당신이 팀워크를 구축하고 싶다면 개별 안전 여유를 두는 대신 안전 여유를 공유해야 한다!

---

[17] 이 책 부록에 '윈-윈-윈(Win-Win-Win) 공공사업 혁신'이라는 사례가 실려 있다. 나는 이 사례에서 큰 교훈을 얻었다. 소규모 지역 건설사가 버퍼 상태를 공개적으로 보여주기 시작했을 때 건설사, 정부 관료, 납세자(지역 주민)가 공통 목표를 갖게 됐고 팀워크도 생겨났다. 이는 사회 차원의 팀워크였는데 대단한 경험이었다.

4 **버퍼 크기**는 어떻게 정하는가?

멤버들 사이에 적절한 긴장을 유지하면서 프로젝트에 적절한 안전 여유를 준다

101쪽 그림을 다시 한 번 살펴보기로 하자.

- '과감하지만 실현 가능한' 도전적 작업 소요 기간은 5+3+4+6=18일
- 안전 여유 시간은 5+3+4+6=18일

직감적으로 안전 여유가 너무 많다는 생각이 들지 않는가? 만약 상사가 모든 사람들에게 작업을 18일 내에 끝내라고 요구하면서 자신은 같은 기간인 18일간의 안전 여유를 갖고 있다면 어떨까? 사람들은 당연히 상사의 안전 여유 시간을 최대한 사용하려 할 것이다.

그렇다면 프로젝트 멤버들 사이에 긴장감을 유지하면서 납기를 안전하

고 확실하게 맞추기 위해 적절한 버퍼 크기를 추정하는 방법이 있을까? 간단한 수학적 계산을 해보자.

맨 처음 5일 작업을 한번 보자. 이 작업을 5일 내에 완료할 확률은 얼마인가? 우리는 50/50이라는 작업 소요 기간 확률을 추정했다. 이는 작업을 5일 내에 마칠 확률이 50%라는 뜻이다. 그러면 이 작업을 5일 내에 마치지 못할 확률은? 당연히 50%다. 여기서는 안전 여유를 5일로 계산했다. 당신이 이 5일이라는 버퍼를 사용할 확률은 얼마인가? 그 확률은 50%다.

그다음 3일 작업은 어떤가? 이 작업을 3일 내에 완료할 확률은 50%다. 그러지 못할 확률도 50%다. 3일이라는 버퍼를 사용할 확률은 50%다. 결국 4개의 버퍼가 사용될 확률은 50%다. 그래서 다음과 같이 계산할 수 있을지도 모르겠다.

(5+3+4+6)×50%=9일

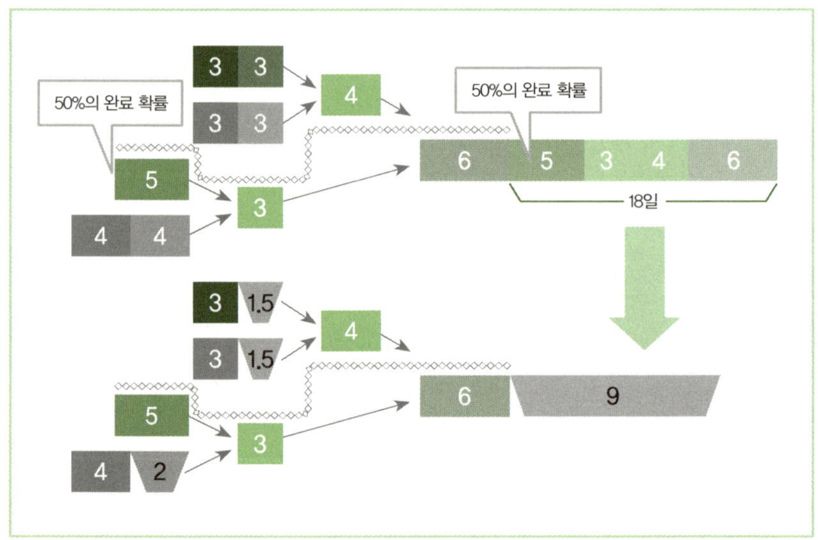

버퍼 크기=경영자의 결정

하지만 앞의 계산은 참고할 만한 수학적 계산일 뿐이다. 실제로 버퍼 크기는 경영자의 결정에 기초해 정하는 게 좋다. 프로젝트에는 본질적으로 불확실성이 있으며 프로젝트 매니저, 리더와 멤버들은 강한 책임감 때문에 납기를 지키기 위해 안전 여유를 가능한 한 많이 두려 한다. 그러나 버퍼를 길게 두면 프로젝트 소요 기간은 더 늘어난다.

그런데 대부분의 프로젝트에서 고객은 프로젝트가 완료된 후에 대금을 지불한다. 현금이 늦게 들어오는 것이다. 프로젝트 진행 중에 회사는 임금 등 여러 가지 지출을 해결하기 위해 현금 흐름을 확실히 해야 한다. 이러한 현금 흐름을 보호하는 것은 경영자의 책무다. 따라서 버퍼의 크기는 경영자가 설정해야 한다.

작업은 가능한 한 늦게 시작하라

일반적으로 프로젝트는 소요 기간이 길다. 프로젝트 소요 기간이 길수록 관련된 불확실성은 더 커진다. 불확실성은 조직 내부에서뿐만 아니라 예상치 못한 경쟁 업체, 경제 및 환경 변화 등 외부 세계에서도 온다(이는 우리의 통제 범위를 벗어난다). 소요 기간이 길면 위험도 더 커진다. 따라서 작업을 더 일찍 시작할수록 당신은 예상치 못한 불확실성에 노출될 가능성이 커진다.

시장 또는 환경 변화 때문에 프로젝트를 전체적으로 다시 새롭게 시작해야 하는 경우도 흔하다. 그러나 현실은 어떤가? 불행히도 프로젝트를 한 번 시작했으면 처음부터 다시 시작하기 어렵다. 사람들은 지금까지 작업하면서 거둔 성과물을 활용하고 싶어하지만 이렇게 하면 오히려 백지 상태에서 새로 시작하는 경우보다 추가 작업이 더 많이 생길 수 있다.

더구나 프로젝트 소요 기간이 길어질수록 새 프로젝트가 작업 기간 내에 착수될 확률이 더 커진다. 결국 동시에 진행되는 프로젝트 수가 늘어나 기존 프로젝트의 불확실성은 더 증가한다. 이런 상황은 조직 전체에 걸쳐 자원을 고갈시켜 외부 자원을 사용하지 않으면 안 되게 해 결과적으로 회사의 현금 흐름을 급속도로 나빠지게 한다.

현금 먹는 벌레(The Money-Eating Bug)

안전 여유가 너무 많아서 과도하게 자원과 예산을 소모할 때 '현금 먹는 벌레'가 나타난다. 이 벌레는 '대기업병'에 걸린 대기업에서 종종 발견된다.

모든 프로젝트에는 납기가 있다. 납기를 안전하게 지킬 수 있다면 당연히 될 수 있는 한 늦게 작업을 시작해 위험을 줄여야 한다. 다시 말해 시장과 환경의 변화를 관찰하면서 가능한 한 늦게 작업을 시작함으로써 위험을 감소시키는 것이다. 그러나 일단 프로젝트를 시작했으면 가능한 한 빨리 완료해야 한다. 이것이 프로젝트 전 과정에서 잠재적 위험을 줄임으로써 프로젝트를 관리하는 가장 실용적인 방법이다.

지금까지 논의했던 프로젝트 계획을 요약해서 설명해보겠다. 우선 개별 작업들에서 안전 여유를 제거하고, 이 여유를 팀 내에서 공유한다. 이렇게 함으로써 프로젝트를 가능한 한 빨리 완료할 수 있도록 서로 돕는다. 이 같은 프로젝트 계획은 불확실성으로부터 납기를 보호할 수 있는 버퍼를 두기 때문에 납기를 만족시킬 확률이 더 커진다.

사람들의 팀워크 체인으로서 크리티컬 체인

아래 그림에 있는 두 일정을 비교해보자. 위의 일정은 36일, 아래 일정은 27일이다. 당신은 일반적으로 소요 기간이 더 긴 일정을 선호할지 모르겠

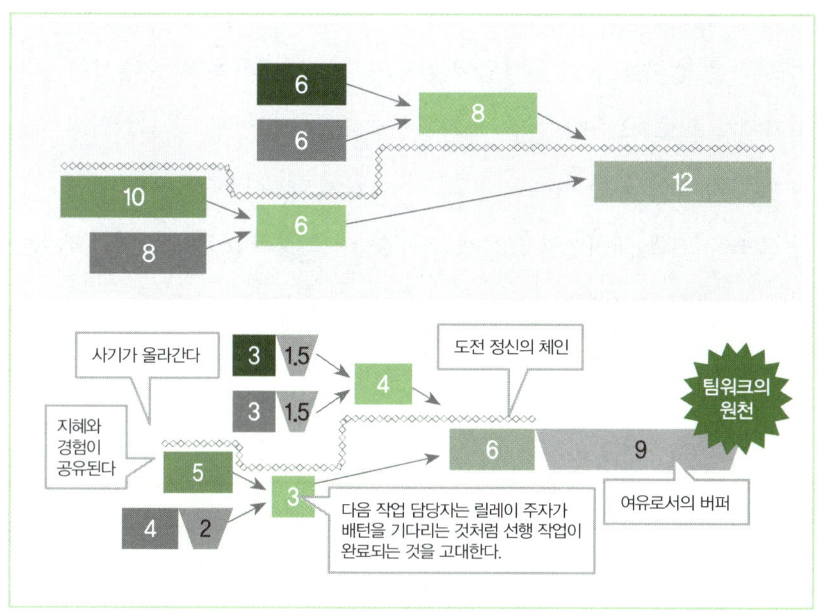

다. 그러나 위의 일정을 자세히 들여다보라. 각 작업에는 숨겨진 안전 여유가 있고 프로젝트 멤버들은 각자 자신만의 안전 여유를 이용해서, 그리고 자신만의 노력을 기울여서 납기를 맞추기 위해 매우 열심히 일할 것이다.

그들은 불확실성에 대응하는 데 제각각 안전 여유 시간이 있다. 그래서 불확실성을 각자의 방식, 각자의 책임감으로 다루려 할 것이다. 또 작업이 늦어지면 이를 늦게 보고하는 경향이 있다. 대개 프로젝트 수행 중 나타나는 문제들은 납기가 다 돼서야 상사에게 보고될 것이다. 그러면 상사는 흥분해서 "왜 이런 문제가 있다고 미리 보고하지 않았나? 내가 당신에게 문제가 있으면 되도록 빨리 보고하라고 몇 번이나 얘기하지 않았던가?"라고 소리 지를 것이다.

반면 아래 일정은 모든 프로젝트 멤버들이 어떻게 해서 사기가 높아져 서로의 지식과 경험을 공유하고 (마치 릴레이 주자의 배턴 터치처럼) 다음 작업을 맡은 멤버들이 선행 작업이 완료되기를 고대하게 되는지 보여준다. 여기에서 프로젝트 멤버들은 불확실성으로부터 납기를 지키기 위해 버퍼를 체인의 끝에 공동 여유로 두고, 각 작업에 대해 '과감하지만 실현 가능한' 소요 기간을 세워놓고 즐겁게 도전한다. 그 결과 모든 프로젝트 멤버들 사이에 팀워크가 생긴다.

프로젝트 리더로서 당신은 이 두 상황 중 어떤 것을 선호하는가? 아래 일정에는 경영 논리가 들어 있으므로 어느 쪽을 선택할지 명확하다.

이런 내용이 우리에게 새로운 걸까? 별로 그렇지 않다. 우리는 직관적으로 프로젝트를 아래 일정과 같이 관리한다. 프로젝트를 수행하는 주체는 바로 사람이기 때문이다. 개인적으로 이런 방식으로 일정을 만들 때마다 화(화和의 일본식 발음은 'WA'이며, 이 책의 원제는《WA : Transformation management by harmony》임 – 편집자 주) 정신의 아름다움이 생각난다. 화(和)란 조화, 평화, 합계라는 뜻을 지닌 단어다.

걱정하는 벌레 이야기

극본 : 기시라 유지 | 삽화 : 기시라 마유코

옛날 옛날에 프로젝트 마을에 '최고로 의욕적인 벌레들(Super Motivated Bugs)'이 있었다. 문제가 있을 때마다 이 '최고로 의욕적인 벌레들'이 개입해서 하나씩 해결했다.

그중 누구보다도 동정심도 많고 부지런한 벌레가 있었는데 매우 믿을 만한 벌레라는 평판을 얻었다. 이 마을의 모든 벌레가 그를 신뢰할 정도로 말이다.

어느 날 그는 마을 대표가 돼달라는 요청을 받았다. 그는 자신이 아주 좋아했던 프로젝트 현장을 떠나야 했기 때문에 기분이 착잡하긴 했지만 마을을 위해 수락하기로 했다.

03

그러나 마을 대표가 되고 얼마 되지 않아 그는 점점 걱정이 커져만 갔다. 현장에서 일이 어떻게 돼 가고 있는지 더는 이해할 수 없었던 것이다.

이전에는 예리한 촉각과 청각으로 잠재적 문제들을 파악해 너무 늦기 전에, 아니 그보다 훨씬 전에 조치를 취했다. 하지만 프로젝트 현장에서 너무 떨어져 있다 보니 예민한 감각 기관은 더 이상 도움이 되지 않았다. '나라면 다르게 할 텐데.' 그는 점점 더 근심 걱정이 쌓여만 갔다.

그는 이에 굴복하지 않기로 마음먹었다. 해결책을 찾아봤다. 문제를 푸는 데 사용할 수 있는 경영 기법이 많다는 것을 발견했다. 곧바로 몇 가지 기법을 도입하기로 했다. 그는 곧 모든 것이 확실하게 통제될 것이라고 생각했다.

그러나 문제는 더 많아졌고 더 절망적이었다. 작업 일정과 진도를 명확하게 볼 수 있도록 수치화했지만 상황은 훨씬 더 혼란스러워졌다.

보고서에 나타난 수치와 현장의 실제 상황은 상당한 차이가 있었다. 마을 대표는 점점 더 초조해지고 근심이 늘었다.

마을 대표는 그 유명한 '해야만 돼 벌레'에게 자문하기로 했다. 그는 모든 종류의 경영 기법을 알고 있어서 명성이 자자했다. '해야만 돼 벌레'는 "모든 활동의 시각화에 더욱더 집중해야 합니다. 프로젝트의 시각화를 개선할 수 있는 방법들이 여기 다 있습니다."라고 했다.

마을 대표는 촉각과 청각이 더는 먹혀 들어가지 않는 상황에 봉착했다. 이제 믿을 수 있는 감각은 '시각'뿐이었다. 그래서 그는 시각화에 더 초점을 맞추기로 했다. 그는 자신이 알고 있는 최신 시각화 방법을 모두 집행했다. 이제는 문제가 해결될 거라고 생각했다.

시각화를 개선시켰더니 확실히 효과가 있었다. 모든 진척 상태와 진도가 더 상세하게 보고됐다.
그런데 마을 대표는 근심이 사라지지 않았다. 오히려 더 늘어났다. 현장에서 발생하는 문제가 너무 낱낱이 보고됐기 때문이다. "여기서는 무슨 일이 일어나고 있지? 왜 아직도 문제가 있는 거지? 우리는 왜 아직도 이런 문제를 모르고 있었지?"
모든 문제를 구체적으로 논의하려다 보니 회의 횟수가 급격히 늘어났다.

동시에 현장은 더 허둥대고 혼란은 더해졌다. 현황 보고, 서류 작성, 회의가 늘어나자 프로젝트 작업을 할 시간이 확 줄었다.
"새 마을 대표가 온 후로 우리 일이 더 어려워졌어."

그는 예전에는 가장 신뢰할 만한 상사라는 명성이 있었다. 그런데 이제는 모든 사람들이 그를 싫어하기 시작했다.

어느 날 아침, 마을 대표는 자신의 몸에 어떤 변화가 왔음을 느꼈다. 자기 다리 중 일부가 계산기, 돋보기, 당근과 채찍으로 변한 것이다.

그는 시시콜콜한 것을 갖고 쓸데없는 논쟁을 하기 시작했다. 그는 마침내 '걱정하는 벌레(Worrying Bug)'가 된 것이다.

세부적인 것들을 더 파내고, 수치를 계산하고, 당근과 채찍으로 다른 벌레들을 다스리는 등 온갖 것들에 더 능숙해졌는데도 걱정은 점점 늘어만 갔다. 마을 대표가 걱정을 하면 할수록 모든 사람들이 마을 대표가 걱정할 필요가 없게끔 숫자를 속였다. 그들은 자신들의 추정치에 '안전 여유' 시간을 추가했다.

마을 대표가 계산기와 돋보기를 쓰면 쓸수록 모든 사람들이 더 치밀하게 숫자를 속였다. 마을 대표가 당근과 채찍을 더 많이 사용할수록 모든 사람들이 서로 돕고자 하는 마음을 잃어갔다.
안전 벌레(Safety Bug)들이 현장 곳곳에 깔리게 됐다.

하루는 마을 대표가 새로운 CCPM 가스에서 최신 아이템을 발견했다. 이것은 특별히 다중 프로젝트 작업을 하는 조직을 위해 개발된 것이었다.

'예전에 나도 CCPM 가스로 병을 고친 적이 있지. 다중 프로젝트에 맞는 새로운 CCPM 가스가 있다면 분명 우리 마을을 위해서도 좋을 거야.'

가스를 뿌리자마자 모두 '의욕적인 벌레'로 되돌아왔다.

그것도 굉장히 빠른 속도로 말이다.

돋보기나 계산기 없이도 모든 프로젝트의 실제 현황을 한눈에 볼 수 있게 됐다.

그는 프로젝트의 현황이 파란불이면 걱정할 필요가 없었다. 노란불이 나타나면 조치를 취할 준비를 할 수 있었다. 현황 신호등이 빨간불이면 모두가 서로 돕기 시작했다. 마을은 다시 활기차고 유쾌한 곳으로 바뀌었다. 마을 대표도 자신이 예전처럼 '최고로 의욕적인 벌레'로 되돌아간 것처럼 느껴졌다. 더 이상 중요하지 않은 세부 사항을 놓고 다투지 않게 됐다.

어느 날 아침 그는 계산기, 돋보기, 당근과 채찍이 자기 다리에서 떨어져 나간 것을 알아차렸다. 대신 파랑, 노랑, 빨강 하트 모양이 있는 부채*가 왼손에 붙어 있었다. 그는 '편안한 벌레(Comfortable Bug)'가 되어 있었던 것이다.

* 일본에서는 왼손에 부채가 쥐어 있으면 '걱정이 없고, 느긋하고, 편안한 상태임'을 뜻한다.

매일 모두가 웃고 서로 돕는 행복한 나날이 이어졌다. 그냥 재미있게 노는 것 같은데도 모든 프로젝트가 이전에는 볼 수 없었을 정도로, 거의 믿을 수 없을 만큼 빠른 속도로 진행됐다.

게다가 모두 '최고로 의욕적인 벌레'로 바뀌기 시작했다. 마을은 매우 유명해져서 수많은 방문객을 끌어들였다. 마을은 영원히 번성했다. 해피 엔딩!

PART 04

잔여 소요 기간

1 **진척 보고**의 미신

90% 완료!

아래 그림을 보자. 그림은 프로젝트가 90% 완료됐다는 것을 나타낸다. 겉으로 보기엔 프로젝트가 거의 끝난 것으로 해석될 수 있다. 그러나 과거 경험을 통해 직감적으로 다음과 같이 느낄 것이다.

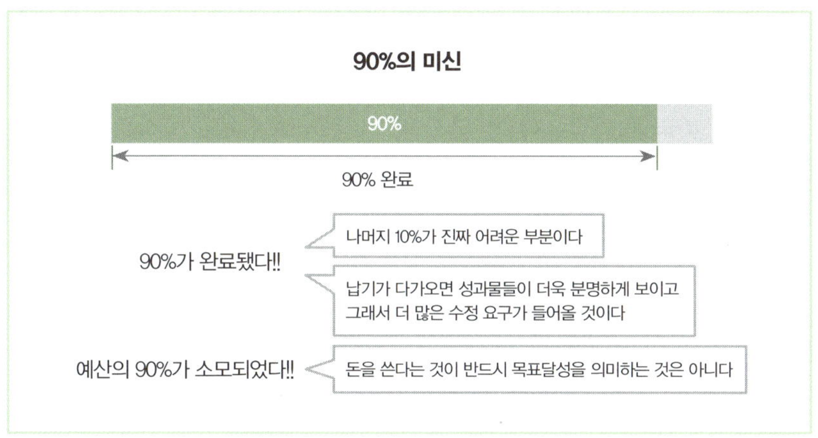

'나머지 10%가 진짜 어려운 부분일 거야. 납기가 다가오면 성과물들이 더 분명히 가시화되지. 그렇게 되면 고객, 영업, 마케팅 담당 부서 등에서 수정 요구를 더 많이 할 테니 말이야.'

또한 그림을 통해 프로젝트 예산의 90%를 소모했다고 해석할 수도 있다. 이 경우 당신은 직감적으로 '돈을 쓴다는 것이 반드시 목표를 달성했다는 것을 의미하지는 않는다.'라고 느낄 것이다. 예산의 90%를 지출함으로써 획득 가치(Earned Value, 기성고既成高)가 생기지만 이와 더불어 위험도 생겨날 수 있다. 예를 들어 프로젝트의 최종 단계에서 예상치 못한 문제가 생겨서 대부분의 재공품(在工品 : 생산 공정 중에 있는 미완성 제품 – 편집자 주)에 대해 재작업을 하는 것과 같이 말이다(당신도 아마 과거에 이런 경험을 해봤을 것이다).

일본 속담에 '100리를 가려면 90리를 절반으로 생각하라.'라는 말이 있다. 사실 90% 완료 시점부터 100%에 이르는 시점까지 드는 시간이 프로젝트 시작부터 90% 완료 시점까지 든 시간과 거의 비슷하게 든다고 말하는 프로젝트 매니저들을 많이 만났다. '입에 든 떡도 넘어가야 제 것'이라는 말이다. 프로젝트를 수행하는 주체는 다름 아닌 사람이다. 물론 당신이 진척도에 따라 평가받는다면, 당신은 '진척을 보여주는' 방식으로 행동할 것이다.

쉽고 간단한 해결책

이런 상황에 대한 매우 쉽지만 강력한 해결책이 있다. 다음과 같이 단순한 질문을 던져보라.

두 가지 단순한 질문을 해보겠다.

첫 번째 질문. 언제 작업 소요 기간을 더 정확하게 추정할 수 있는가?

A. 작업 시작 전

B. 작업 시작 후

물론 정답은 B, '작업 시작 후'다. 이때 작업 내용에 대해 더 잘 알 수 있기 때문이다.

두 번째 질문. 언제 작업 소요 기간을 더 정확하게 추정할 수 있는가?

A. 시작 후 3일

B. 시작 후 4일

여기에서도 정답은 B, '시작 후 4일'이다. 만약 작업 관리자가 시작 후 9일째에 당신에게 "나는 그것을 하루 만에, 내일까지 끝낼 겁니다."라고 말한다면 어떤 생각이 드는가?

이는 매우 정확한 추정치같이 들린다. 그리고 90% 진척으로 간주할 수 있다. 프로젝트는 본질적으로 불확실성을 내포하기 때문에 당신이 잔여 예상 소요 기간을 계속해서 물어본다면 그 예상치는 시간이 갈수록 점점 더 정확해질 것이다.

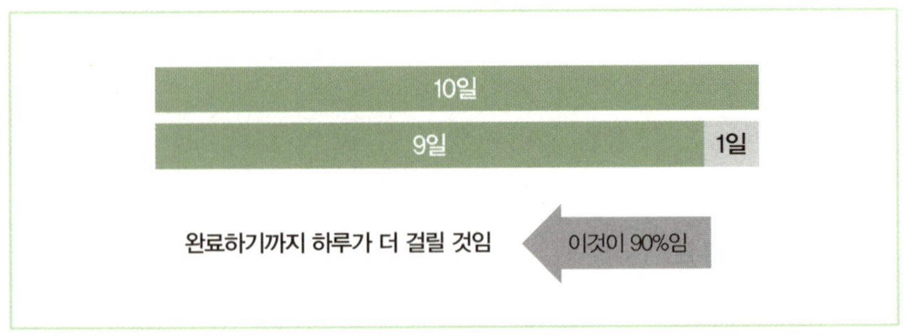

인재 개발

잔여 소요 기간에 대해 물어보는 것, 이는 인재 개발을 위해서도 단순하지만 강력한 도구가 된다. 단지 잔여 소요 기간에 대해 물어봄으로써 프로젝트 멤버들 사이에 납기를 지키려는 의식을 키울 수 있다. 그들은 자신들의 약속을 지키기 위해 납기에 더 많이 신경을 쓸 것이기 때문이다.

또한 이는 프로젝트 교육 중 가장 어려운 분야에 속하는 프로젝트 소요 기간 추정과 관련해 프로젝트 멤버들을 훈련시키는 데도 도움이 된다. 프로젝트 리더가 매일 이렇게 단순하게 질문을 던지면 프로젝트 멤버들은 잔여 작업 소요 기간을 추정하는 훈련을 하게 된다. 그러다 보면 납기를 지키려는 의식이 더 강화된다. 또 이러한 의식이 공유됨으로써 프로젝트 멤버들이 작업의 질을 높이면서도 준비 계획을 더 잘 세울 수 있다.

진척도의 함정

다음 그림을 살펴보자. 10일짜리 작업에 대해 5일이 지난 후 당신은 잔여 작업 소요 기간이 7일이라고 추정했다고 하자. 그러면 당신은 프로젝트 매니저에게 몇 퍼센트 진척됐다고 보고할 것인가?

A. 50%. 왜냐하면 당신은 5일을 소모했고 5일간의 임금을 받기 원하기 때문에

B. 30%. 왜냐하면 당신은 단지 3일 분량의 작업만을 했기 때문에

C. $\frac{5}{12} = 41.6666666\%$. 이것이 수학적으로 옳기 때문에

미안하지만 다 틀렸다. 질문 자체가 잘못됐기 때문이다.

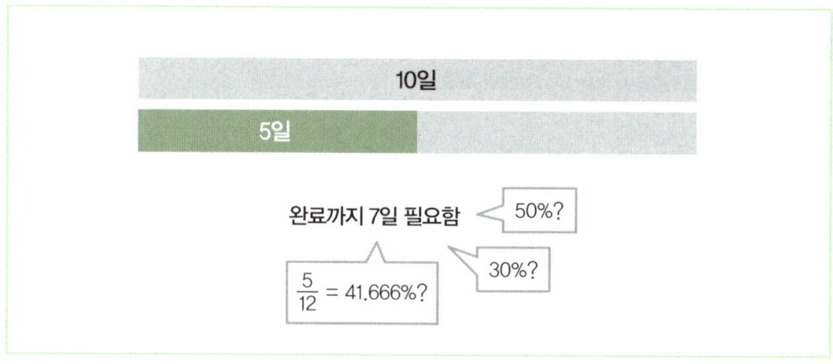

진척 관리의 목적을 상기해보자. 진척률 보고서를 만들기 위해서인가? 아니다. 납기를 지킬 수 있도록 관리하기 위해서다! 잔여 소요 기간이 7일이라는 것은 당신이 납기를 2일 지키지 못한다는 것을 의미한다. 그러나 다행히도 이는 지금 그렇다는 것이다. 당신은 7일을 5일로 줄이기 위해 대책

을 세우고 이를 행동에 옮기면 약속한 납기를 지킬 수 있다는 것을 알고 있다. 너무 늦기 전에 조치를 취하도록 관리하는 것이다. 즉, '사전 관리'다.

이는 전혀 새로운 게 아니다. 더 간단한 질문을 하나 해보겠다. 납기 하루 전에 당신은 프로젝트 현황을 98%나 99%와 같이 퍼센티지로 말하는가? 아니다. 당신은 "완료까지 딱 하루 남았습니다."와 같이 말한다. 이는 매우 자연스러운 것으로서 일상생활의 상식이자 관행이다.

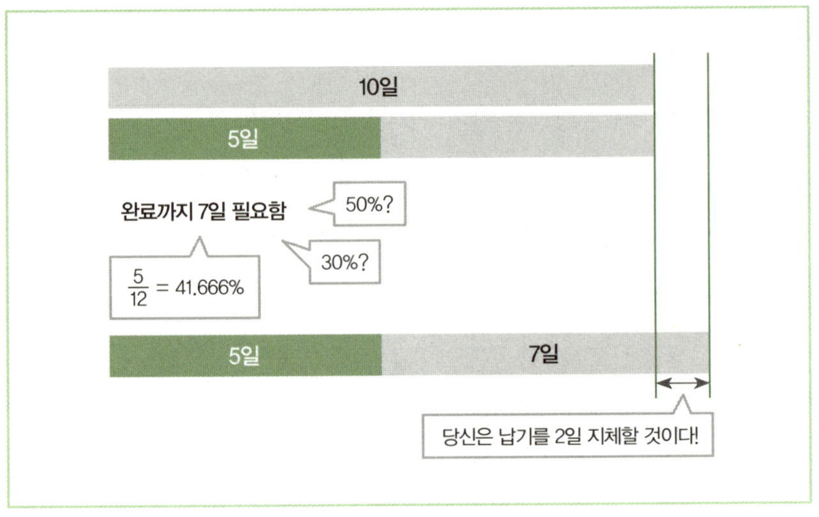

2 **버퍼** 관리

버퍼 소모량을 점검함으로써 간단하게 사전 관리를 해내라

단순하게 버퍼 소모량을 모니터링하면 된다. 그러면 진도 관리가 아주 쉬워진다. 예를 들어보겠다. 아래 그림을 보자. 6일 작업 다음에 4일 작업이 뒤따르고 있다. 이 그림에서 각 작업들은 50/50의 '과감하지만 실현 가능한(ABP, Aggressive But Possible)' 소요 기간으로 추정돼 있다. 버퍼 기간은 5일인데 이는 버퍼 앞 두 작업의 소요 기간 6일+4일의 절반이다.

첫 작업을 시작한 후 2일이 지나 이 작업이 예상한 것보다 훨씬 어렵다는 것을 알았다고 하자. 이 작업을 완료하는 데 앞으로 6일이 더 필요할 것으로 예상된다. 작업 소요 기간은 처음보다 2일 더 늘어났고, 따라서 그다음 4일짜리 작업은 2일 밀려난다. 5일간의 버퍼에서 2일이 소모돼 버퍼 신호등이 노란불[18]로 된

---

18 크리티컬 체인 소프트웨어는 버퍼 소모량에 따라 버퍼 색상을 바꾼다. 사용자는 버퍼 색상의 신호이 언제 바뀌도록 할지 지정할 수 있다.

다. 상황을 더 검토해보니 이전에 생각했던 것보다 상황이 훨씬 좋지 않다
는 것을 알게 됐다. 그 결과 이 작업을 완료하는 데 앞으로 8일이 필요하다
고 하자. 그러면 두 번째 작업은 4일 밀려나게 되고 버퍼는 5일 중 4일이
소모돼 버퍼 신호등이 빨간불로 바뀐다.

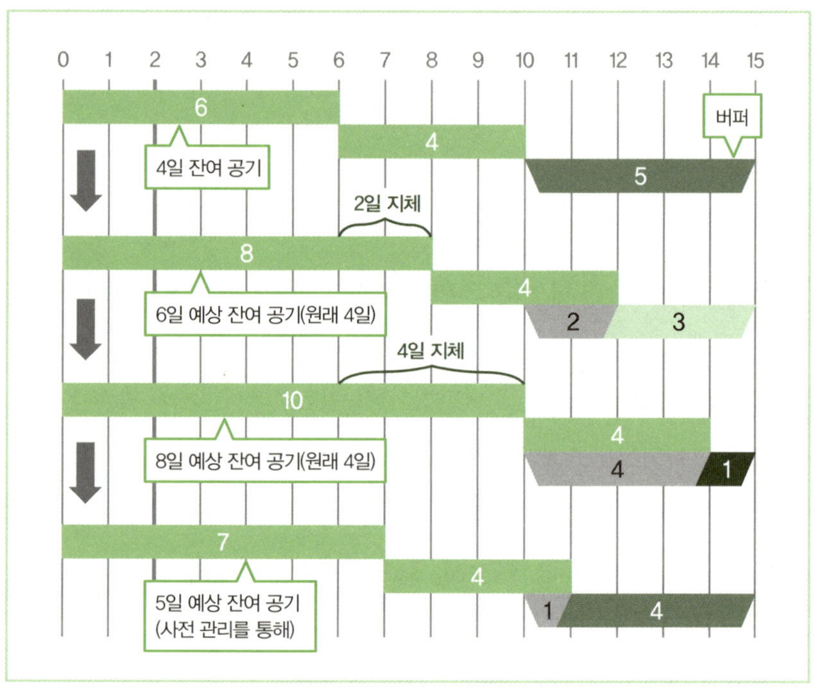

이 같은 상황에서 프로젝트 리더가 "이 프로젝트는 예상했던 기간에 딱
맞게 끝날 것"이라고 보고하고, 납기보다 하루 앞서 완료될 것을 기대한
다면 당신은 어떤 생각이 드는가? 이는 실제로 맞을 수 있다. 그림을 보
면 프로젝트가 14일째에 끝나 버퍼를 하루치만큼 남기는 것으로 돼 있으
니 말이다.

사실 프로젝트 리더는 상황이 심각하다는 것을 잘 이해할 것이다. 첫 작업을 이틀간 진행한 후 그는 프로젝트의 내용에 대해 더 잘 이해하게 돼 막중한 책임감을 갖고 시간에 맞춰 작업을 끝내기 위해 매우 열심히 일하기로 했다고 하자. 그러면 당신은 이를 믿겠는가? 아니면 걱정스러운가? 같은 도표를 보고 현황을 다른 식으로 이해할 수도 있다. 프로젝트가 겨우 2일밖에 진행되지 않은 아주 초기 시점에 첫 작업이 벌써 총 5일간의 버퍼 중 4일이나 소모했으므로 현재 잔여 버퍼는 겨우 1일이다.

어떤 쪽이 올바르다고 느껴지는가? 물론 당신은 직감적으로 후자가 올바르다고 느낄 것이다. 진척 관리의 목적이 납기를 지키는 것이라면 후자가 정확하다. 당신은 상황을 있는 그대로 내버려두지 않을 것이다. 오히려 당신은 프로젝트 리더, 그리고 다른 멤버들과 프로젝트의 아주 초기 단계에서 이렇게 일이 너무 늦어지지 않도록 하기 위해 어떤 대응책을 마련할지 상의할 것이다.

사실 프로젝트가 겨우 이틀 진행된 시점이라서 아직은 어떠한 대응책이든 마련할 여지가 충분히 있다. 당신은 첫 작업을 5일 내에 완료할 수 있는 새로운 아이디어를 찾아낼 수 있을 것이다. 5일 만에 작업을 완료하면 최초 예상한 것보다 겨우 하루 늦어지는 것이다. 그러면 두 번째 작업을 3일 왼쪽으로 당기고, 버퍼 소모량은 4일에서 1일로 줄어들어 파란불이 들어온다.

'제때의 한 바늘이 후에 아홉 바늘을 덕 보게 하는 것'과 같은 이치다. 이런 방식으로 당신은 납기를 못 지킬 만한 위험에 놓이기 훨씬 이전부터 조치를 취하게 된다. 이를 우리는 '사전 관리'라고 부른다. 사전 관리라는 메커니즘이 이제 당신의 프로젝트 관리에서 기본이 되는 것이다.

과거가 아니라 미래에 대해 이야기하자

당신이 매일 진도 관리의 일부로서 잔여 소요 기간에 대해 논의하기 시작하면 작지만 중요한 변화가 일어난다는 것을 알게 될 것이다. 모든 프로젝트 멤버들은 과거가 아니라 미래에 대해 이야기하게 된다. 전통적인 관리에서는 당신은 그들이 무엇을 했는지에 대한 보고서를 받게 되는데, 이는 납기를 약속한 대로 지키는 것과 반드시 관련이 있는 것은 아니다. 그런데 이제는 납기까지의 예상 소요 기간과 앞으로 행동에 대해 이야기하는 것으로 바뀌었다. 약속된 납기를 지키는 데 훨씬 더 효과적이기 때문이다. 납기를 지키기 원한다면 과거의 행동보다는 미래의 행동에 대해 이야기하는 것이 자연스럽다. 과거의 행동은 그저 프로젝트 지연에 대한 핑계를 대는 데 효과적일 뿐이다(물론 대부분의 상사는 이에 대해 전혀 기뻐하지 않을 것이지만…).

사실 약속을 지키는 데는 단지 프로젝트 멤버들이 잔여 소요 기간, 즉 미래에 대해 무엇을 할지에 대한 정보만 있으면 된다. 과장이 아니다. 이러한 논의는 모든 멤버들의 관심을 자연스럽게 미래로 돌린다. 그들은 버퍼 공유를 통해 납기와 팀워크를 확실하게 이해하게 됨으로써 사기가 진작된다.

당신은 미래를 바꿀 수 있지 과거는 바꿀 수 없다.

안전 여유가 없으면 서로 도울 수 없다

불확실성은 프로젝트의 본성이다. 아무리 다양한 위험을 추정해서 치밀한 계획을 세워도 불확실성을 완전히 제거할 수 없다. 이는 상식이다. 불확실성에 대응하려면 안전 여유가 절대적으로 필요하다. 안전 여유 없이는 서로 도울 수 없다. 따라서 공유된 안전 여유, 즉 버퍼는 서로 도울 수 있는 원천이 된다.

모든 사람들이 팀워크 정신의 중요성을 강조하고 있다. 당신이 당신 조직에서 서로 돕는 의식을 갖게 하려면 안전 여유를 공유해야 한다.

미래 대비 훈련 = 위험 예상 훈련

위험을 예상할 수 있는 아주 좋은 방법이 있다. 다음 질문을 던지는 것이다.

"이 작업을 마칠 때까지 어떤 문제가 있을 것으로 예상하는가?"

납기를 지키기 위해 당신이 알아야 할 가장 중요한 것은 무엇일까? 바로 프로젝트 완료 시점까지 당신이 무엇을 할 것인가다. 불확실성은 프로젝트의 본성이다. 당신은 프로젝트가 진행됨에 따라 위험을 추정할 수 있고, 당신의 위험 추정치는 당신이 프로젝트를 더 잘 이해하게 됨에 따라 더 정확해진다. 그러므로 "당신은 이 작업 마치기까지 작업일이 며칠이나 남아 있나?"에 대한 답을 얻어라. 그 후 "당신은 이 작업을 마칠 때까지 어떤 문제가 있을 것으로 예상하는가?"[19]를 물어볼 것을 권장한다.

이렇게 질문하면 사람들은 자신의 작업이 완료될 때까지 관련된 위험을 예상해본다. 그 결과 위험이 발견되면 크게 자라기 전에 그 싹을 자르기 위한 예방 조치를 취할 수 있는 좋은 기회를 얻게 된다. 이는 또한 모든 프로젝트 멤버들 간에 의사소통을 증진시키고, 경험자로부터 위험을 회피하는 법을 배울 수 있는 좋은 기회가 된다.

예방은 늘 치료보다 낫다.

그들이 보고하게 하지 말고 현장에 가서 직접 들어라

프로젝트 멤버들이 진척 보고를 하게 해선 안 된다. 프로젝트 리더들이 현장에 가서 직접 들어야 한다. 일본의 뛰어난 경영자들은 '3현 정책'을 잘 준수한다. 3현(三現)은 '현장(現場), 현물(現物), 현실(現實)'을 말한다. 프로젝트 리더들은 "당신은 이 작업을 마치기까지 작업일이 며칠이나 남아 있나?"라고 묻는다. 그러고 나서 "당신은 이 작업을 마칠 때까지 어떤 문제가 있을 것으로 예상하는가?"라고 묻는다.

흔히 의사소통이 프로젝트에서 가장 중요한 요소라고 말한다. 위와 같은 질문을 던지면 프로젝트 리더는 팀원들과 의사소통을 해서 잠재 위험을 피할 수 있다. 또 그들을 제때 도울 수 있다. 이는 매우 크고도 의미 있는 기회. 반면 프로젝트 멤버들이 당신에게 보고하게 한다면, 당신은 진척 결과만을 보게 된다. 그 결과 당신이 문제를 발견하고 대응책을 모색한다 해도 이미 늦어질 가능성이 크다.

프로젝트 리더의 책임이란 무엇인가? 프로젝트 진도를 모니터링하는 것? 아니다. 프로젝트가 성공하도록 '관리'하는 것이다. 이를 위해 가장 중요한 일은 바로 프로젝트 멤버들과 '의사소통'을 하는 것이다. 프로젝트 리더는 앞의 두 가지 질문을 함으로써 3현 정책을 잘 실천할 수 있으며 프로젝트도 성공으로 이끌 수 있다.

---

19 "문제가 있는가?"라고 묻지 마라. 이렇게 질문하면 사람들은 종종 "문제가 없다."라고 답한다.

버퍼는 프로젝트 멤버, 리더, 매니저, 경영진을 보호한다

'과감하지만 실현 가능한' 작업 소요 기간은 프로젝트 멤버들에게 커다란 압박을 줄 것 같지만 실은 그렇지 않다. 사실 아주 정반대다. 오히려 그들을 보호한다. 버퍼가 파란불일 때는 프로젝트 멤버들, 프로젝트 리더와 경영자는 너무 세부적인 데 신경 쓸 필요가 없다. 프로젝트 멤버들은 자신의 작업에 집중할 수 있다. 그들은 사소한 보고서 작성에 골머리를 앓지 않고, 대신(그들이 잔여 소요 기간을 보고하는 한) 현재 진행 중인 작업에만 집중할 수 있다.

작업 소요 기간의 추정치가 '과감하지만 실현 가능한 소요 기간'이기 때문에 당연히 약간의 버퍼를 소모할 것이다. 작업 소요 기간 추정치에 맞춰 작업을 완료할 확률도 50%이고, 완료하지 못할 확률도 50%이기 때문이다. 단지 버퍼 소모량을 모니터링함으로써 프로젝트 멤버, 리더, 매니저, 경영자들은 너무 늦기 전에 조치를 취할 수 있다.[20] 다시 말해 프로젝트 멤버들은 도전적인 리드타임을 약속함으로써 그 보상으로서 경영진으로부터 바람직한 작업 환경을 얻게 돼(버퍼가 파란불인 한) 자신들의 작업에 집중할 수 있다. 또 너무 늦기 전에, 즉 버퍼가 노란불을 지나 빨간불에 놓이기 전에 경영진의 지원을 받을 수 있다.

사실 버퍼가 노란불이나 빨간불로 변하더라도 이것이 프로젝트가 납기를 놓쳤다는 것을 의미하지는 않는다. 이는 미래의 가능한 시나리오 중 하

---

[20] 크리티컬 체인에서는, 프로젝트 멤버들은 파란불 영역에 있는 작업들에 초점을 맞추며, 매니저는 노란불 영역에서 대응책을 준비하고 빨간불 영역에서 대응책을 집행할 것을 권장하고 있다.

나일 뿐이다. 버퍼 정보를 보고 당신은 너무 늦기 전에 버퍼를 회복하기 위한 조치를 취할 수 있다.

버퍼의 '느낌'

버퍼가 파란불일 때, 멤버들은 파란불이 안전하다는 것을 알기 때문에 안전감(安全感)을 갖고 작업에 집중할 수 있다. 버퍼가 노란불로 바뀌면 상사는 당신에게 납기 지연을 만회하려면 무엇을 도와야 하는지 물어보기 시작한다. 그러면 당신은 상사가 당신을 도와주기 위해 대응책을 준비하고 있다는 것을 알기 때문에 안전감을 느낀다.

버퍼가 빨간불로 변하더라도 당신은 크게 걱정하지 않아도 된다. 상사가 버퍼 색상을 빨간불에서 파란불 또는 노란불로 바꾸기 위해 사전에 준비한 대응책을 시행할 것이기 때문이다(당신이 안전 여유를 감추면 책임이라는 무거운 짐을 짊어져야 하기 때문에 불안하고 심지어 초조해지는 것과는 대조적이

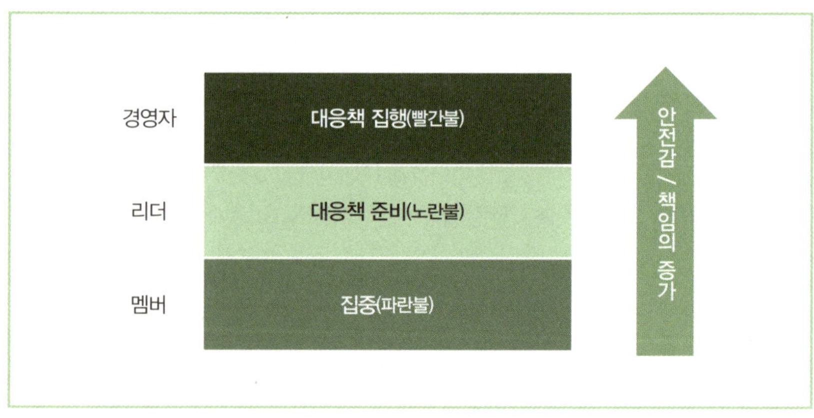

다). 너무 늦기 전에 버퍼 경고가 보고됐는데도 프로젝트가 실패한다면 경영자의 책임이다. 따라서 책임이 자동적으로 상위의 경영층으로 옮겨가는 메커니즘이 비로소 작동한다.

회의를 위한 회의를 '진짜 회의'로 바꿔라

"당신은 이 작업을 마치기까지 작업일이 며칠이나 남아 있나?"

"당신은 이 작업을 마칠 때까지 어떤 문제가 있을 것으로 예상하는가?"

이 두 가지 질문은 회의를 극적으로 변화시킨다. 전통적인 진척 보고서는 과거에 무엇이 발생했는지 말해주는데, 이는 회의의 목적과 꼭 연관이 있는 것은 아니다. 보고서가 매우 상세하고 내용이 풍부해도 마찬가지다. 보고서가 복잡할수록 사람들은 더 이해하기 어렵고 결과적으로 의사소통도 더 어려워진다.

프로젝트는 다름 아닌 사람이 수행하는 것이므로 모든 사람들이 의사소통의 중요성에 대해서는 공감한다. 특히 '대부분의 프로젝트는 보통 사람들(Ordinary People)이 관계한다.'는 것도 맞는 말이다. 위 두 질문은 모든 사람들이 회의 시간 동안 의사소통을 잘할 수 있도록 하는 매우 단순하지만 강력한 해결책이다. 회의의 목적은 현황과 아이디어, 정보를 공유함으로써 더 좋은 성과를 내기 위해 사람들이 의사소통, 즉 '토론하고 서로 돕는 것'이다.

어떤 사람들은 이렇게 말했다. "과거에는 회의 시간이 너무 길었습니다. 회의를 위한 회의라고 할까요? 다양한 보고서가 올라오지만 명확한 결론도 없고 어떤 긍정적인 결과도 내지 못했습니다. 그러나 지금은 한 시간이면 충분합니다. 전사적으로 의사소통이 증진되고, 즐거운 토론이 이루어지고, 서로 도우면서 신뢰가 구축되는 극적인 변화를 경험했습니다. 더구나 이제는 사람들을 만나고 서로 도울 수 있는 회의가 기다려집니다."

버퍼를 공개하라

때때로 당신은 프로젝트의 외부로부터 오는 문제 때문에 어려움을 겪는다. 그래서 프로젝트가 멤버들의 통제를 벗어난 것으로 보이는 경우가 있다. 이 같은 상황을 다룰 수 있는 쉽고도 유용한 방법이 있다. 그저 당신의 작업을 지연시키고 있는 외부 당사자들에게 버퍼를 보여줘라. 그러면 분명히 그들이 버퍼를 소모했음을 밝힐 수 있다. 그들의 조처가 늦을수록 버퍼는 더 많이 소모된다.

그들도 책임감이 있기 때문에 프로젝트가 자신들 때문에 지연되고 있다는 사실을 인정한다. 이제 그들은 당신을 즉각 지원할 것이다. 왜 그럴까? 이는 자연스러운 행동이다. 당신이 기억하고 있듯이 버퍼는 본래 책임감으로부터 나왔다. 그리고 버퍼는 공유될 때 팀워크의 원천이 된다. 따라서 버퍼가 그들과 공유될 때, 버퍼는 자연스럽게 그들에게 팀워크를 만들어낸다.

버퍼 관리가 실행되는 곳에서 버퍼가 어떻게 팀워크를 만들어내고 작업에 집중할 수 있는 좋은 환경을 제공하는지, 그리고 사전 관리를 통해 서로 돕게 하는지 알아보는 일은 매우 흥미롭다. 버퍼 관리를 경험한 사람들은 조직 전체에 '속을 다 보여주는 것'같은 진정한 신뢰를 심어주어 예전의 좋은 시절로 돌아간 것 같다고 하기도 한다.

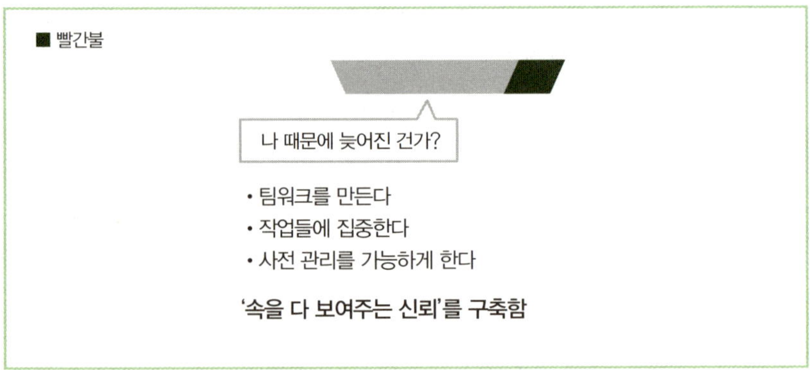

3 부서 간에 버퍼를 한눈에 볼 수 있게 하라

버퍼는 당신 마음의 여유다

조직 전체의 모든 프로젝트 버퍼 상태를 한눈에 볼 수 있다면 어떨까? 아래 그림을 보면 회사 전체의 모든 부서 사이에 버퍼들이 공유되고 있다.

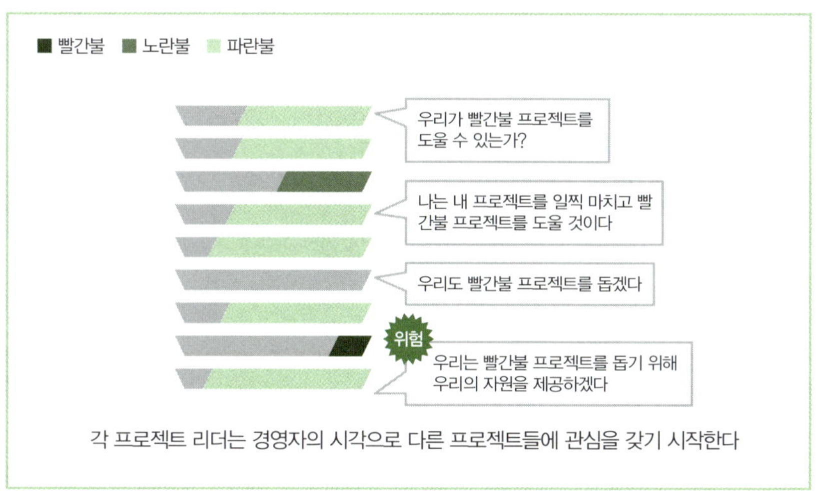

앞서 논의한 대로 프로젝트 멤버들이 버퍼를 공유하면 이는 팀워크의 원천이 된다. 마찬가지로 모든 부서가 버퍼들을 공유하면 이는 조직 전체 팀워크의 원천이 된다.

135쪽 도표는 조직 전체의 버퍼 상태를 보여주는 한 예다. 이는 내가 다중 프로젝트를 실행한 후 몇 주 뒤에 경험했던 것과 매우 비슷하다. 프로젝트 리더 모두 자신의 프로젝트뿐만 아니라 다른 프로젝트들에 대해 신경을 쓰기 시작하는 것을 보고 많이 놀랐다. 빨간불 버퍼에 놓여 있는 프로젝트 리더가 도움을 요청하지 않았는데도 다른 리더들이 이 프로젝트를 어떻게 도와줄지 열심히 논의하기 시작했고 버퍼 회복을 돕기 위해 여러 지원책을 제시했다. 그들에게 왜 모든 프로젝트 멤버들이 서로에게 관심을 두는지 물어봤다. 그 답이 흥미로웠다.

"불확실성은 프로젝트의 본성입니다. 우리 모두 불확실성을 피할 수 없습니다. 제 버퍼가 파란불이라면 당연히 빨간불 버퍼에 있는 프로젝트를 도와야 합니다. 그러면 지금 제 도움을 받는 프로젝트 리더가 나중에 제 프로젝트가 빨간불 버퍼에 놓일 때 저를 도와줄 겁니다."

'서로 돕는다.'와 '팀워크'는 우리가 어린 시절부터 배워온 덕목이다. 일본인의 경우 '화(和)를 귀하게 여겨라.'라는 말을 잘 알고 있을 것이다. 이는 604년에 만든 일본의 최초 헌법 제1조이기 때문이다.

아무튼 버퍼를 공유하면 조직 전체에 자연스럽게 '화(和)가 생긴다는 것은 놀라운 사실이다.

최근 프로젝트 현장에 있는 사람들에게 이런 질문을 가장 많이 한다.

"당신은 언제 좋은 회사에서 일하고 있다고 느낍니까?"

대부분 이렇게 답한다.

"제가 어려울 때 도움을 받을 수 있으면 우리 회사가 좋은 회사라고 느낍니다."

당신이 곤경에 처했을 때 다른 사람들이 도와준다면 이보다 고마운 일은 없다. 당신은 이를 기억하고 당신을 도와준 사람들이 곤경에 처했을 때 그들을 도우려 할 것이다. 하지만 버퍼 없이는 서로 도울 수 없다. 버퍼는 '서로 도울 수 있는 마음의 여유'기 때문이다.

게다가 버퍼는 개인의 성장을 돕는다. 프로젝트 멤버들은 전체적인 관점에서, 즉 경영자의 관점에서 의사 결정을 내리도록 매일 훈련된다. 미래에 훌륭한 매니저가 될 수 있도록 돕는 것이다. 결과적으로 조직 전체에 자연스럽게 팀워크가 확산되고 개인의 성장이 가속화되며 경영자는 점점 더 많은 신뢰를 갖고 지원을 아끼지 않게 된다.

자율적 시각화 vs 시각화

135쪽의 도표를 다시 한번 보자. 프로젝트 멤버들과 고위 경영자 간에 이해의 차이가 있을까? 나는 그렇지 않다고 생각한다. 조직 전체의 모든 사람들은 프로젝트가 돌아가는 상황과 전체 조직 차원에서의 우선순위에 대해 똑같이 이해하고 있다. 또한 전체 조직을 더 낫게 하기 위해 프로젝트 멤버들은 자유롭고도 자율적으로 서로 돕고 있다. 이는 모든 사람들에게 아주 명백한 것이다.

오노 다이이치 박사는 기업이라는 조직에서 '자율 신경 시스템(Autonomic

Nervous System)'이 중요하다고 역설했다.

   "우리의 생산 공장에서 자율 신경이라 함은 최하위 수준에서 의사 결정이 자율적으로 내려지는 것을 말한다."[21]

버퍼는 마치 '간판(kanban)'[22]과 같다. '간판'도 최하위 수준에서 자율적으로 의사 결정을 할 수 있도록 하기 때문이다.

'시각화'가 자율 신경 시스템을 고려하지 않는다면 어떤 일이 벌어질까? 시각화는 오히려 현장에서 더 많은 문제를 일으켜 조직 전체로 고통을 퍼트린다. 전통적 경영 환경에서 대부분의 시각화는 결과 보고서 단계에서 이뤄진다. 결과 보고서는 과거에 현장에서 발생했던 것을 보고하는 것이다. 결과 보고서가 고위 경영자(혹은 회사의 브레인)에게 보고될 때 이미 모든 것은 과거가 돼버리고 조치를 취하기에는 너무 늦어버린다.

그러나 '자율적 시각화(Autonomic Visualization)'는 문제가 발생하는 최하위 수준에서 의사 결정이 자율적으로 내려질 수 있도록 해준다. 이는 프로젝트 멤버들이 고위 경영자와 동일한 수준으로 이해하고 있는 한, 문제들이 현장에서 즉각 다뤄질 수 있다는 것을 의미한다.

'자율적 개선(Autonomic KAIZEN)'[23]은 문제가 결과로 바뀌기 전에, 문제

---

21 오노 다이이치, 《Toyota Production System》, Productivity Press, p45, 1988
22 도요타는 JIT(Just-in-Time) 생산 시스템, 즉 뒤 공정에서 필요한 만큼만 앞 공정의 부품을 인수하는 생산 방식 덕분에 불필요한 재고를 갖지 않고 이로써 시장 변화에 더 유연하게 대처할 수 있었다. 그런데 이는 '간판(Kanban)' 덕분에 가능했다. 간판은 조그만 비닐 봉투에 생산과 조립에 대한 지침을 적은 종이쪽지를 넣는 것을 말하는데, 부품과 함께 간판이 이동함으로써 누구나 쉽게 생산 공정의 현황을 이해할 수 있다. 어딘가에 간판이 쌓여 있다면 그곳은 즉시 관리해야 할 대상이다 - 편집자 주.
23 KAIZEN(개선改善)은 끊임없는 개선을 위해 각 개인의 창의성과 적극성을 중시하는 공정 개량 작업으로서 일본의 독자적인 경영 철학이자 경영 방식임. 이 책에서는 '개선'으로 번역했음 - 편집자 주.

를 처리할 수 있는 최하위 수준으로 '두뇌를 옮기는 것'이라고 말할 수 있다. 이는 대부분의 시각화와 대비된다.

대체로 시각화는 어떤 방식으로 이뤄지는가? 현장에서 문제가 발생하면 이에 대한 보고서가 작성된다. 이 보고서는 의사 결정을 위해 최상위 경영진에게 올라간다. 보통 이때는 조처하기엔 너무 늦은 시점이다. 결과, 즉 과거에 발생한 것을 보고하기 때문이다.

두뇌를 최하위 수준으로 옮기기는 매우 어렵다. 고위 경영진과 현장 멤버들 사이에 판단의 차이가 없도록 신경 시스템을 개발하는 것이 만만치 않기 때문이다. 어렵긴 하지만 일단 이 같은 신경 시스템을 성공적으로 개발만 한다면 시각화는 훨씬 더 효과적으로 이뤄진다. 이제 기존의 시각화는 '자율적인 시각화'로 변모했기 때문이다.[24]

여유를 만들어 관리하라

버퍼는 안전 여유다. 또 어떤 면에서는 마음의 여유다. 우리는 각 작업의 개별 안전 여유를 모아 하나의 여유를 만들어서 이를 관리한다. 전통적 프로젝트 관리에서 당신이 각 작업의 진척에 초점을 맞췄다면, 이 경우에는 모든 프로젝트를 성공적으로 관리하기 위해 공통 여유에 초점을 둬야 한다.

---

24 도요타의 고위 경영자들은 내게 "당신은 '시각화'라는 말에 매우 조심해야 합니다."라고 말했다. 시각화 자체는 매우 쉽지만 반드시 효과적인 것은 아니다. 의사 결정을 내리려면 반드시 고위 경영자에게 보고가 올라가야만 하는데 그때는 이미 너무 늦기 때문이다. 진정한 시각화는 '자율적 시각화'다. 이는 대개의 시각화보다 훨씬 실행하기 어렵지만 말이다.

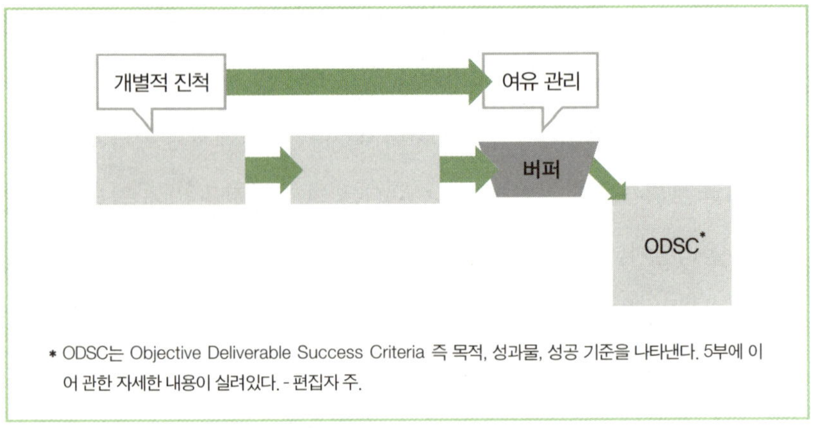

* ODSC는 Objective Deliverable Success Criteria 즉 목적, 성과물, 성공 기준을 나타낸다. 5부에 이어 관한 자세한 내용이 실려있다. - 편집자 주.

　당신이 모든 사람들에게 프로젝트를 실행하는 주체는 바로 사람이라는 것을 일깨우면, 사람들은 하나의 안전 여유를 관리하는 것을 훨씬 더 편안하게 느낄 것이다.

　이제 '안전 여유를 갖는다.'와 '안전 여유를 제거한다.' 사이의 딜레마는 해소됐다. 안전 여유를 갖는 훌륭한 방법이 있으며, 안전 여유를 적합한 장소에 설치하면 경영에 효과적으로 사용할 수 있다. 안전 여유로써 사전 관리를 하고 전사적으로 화(和) 정신을 갖고 팀워크를 좋게 해 신뢰를 만들어낼 수 있다.

'할 수 없어' 형제 이야기

극본 : 기시라 유지 | 삽화 : 기시라 마유코

옛날에 '방법들(methods)'이라는 이름
의 마을이 있었다. 이 마을에서는 방
법들이 매우 중요했고 모든 마을 사
람들이 늘 새로운 방법들을 공부하
고 있었다.

어느 날 '편안한 벌레(Comfortable Bug)'
가 이 마을에 CCPM을 소개하러 왔
다. CCPM은 최근 큰 인기를 얻어가
고 있었다.

'할 수 없어(Can't do)' 형제는 이 마을에서 모든 종류의 지식을 알고 있는 것으로 유명했다. 그렇지만 그들은 "우리는 CCPM의 모든 좋은 점을 잘 알고 있습니다. 그렇지만 이것을 우리 마을에 적용할 수는 없다고 생각합니다."라고 말했다.

여기서 '할 수 없어' 형제를 소개해보자. '특별해 할 수 없어 벌레(Special Can't do Bug)'가 나이가 제일 많다. '복잡해 할 수 없어 벌레(Complex Can't do Bug)'가 그다음이고 '불확실해 할 수 없어 벌레(Uncertain Can't do Bug)'가 제일 어렸다.

'편안한 벌레'가 '특별해 할 수 없어 벌레'에게 질문했다.

'편안한 벌레'가 '복잡해 할 수 없어 벌레'에게 질문했다.

'편안한 벌레'가 '불확실해 할 수 없어 벌레'에게 질문했다.

'왜 모든 사람들이 모든 다른 마을에서와 같이 우리는 특별해, 복잡해, 불확실해라고 말할까?'
좋은 생각이 있어!

'편안한 벌레'가 "경험보다 더 좋은 건 없지!"라고 말하면서 그들에게 CCPM 가스를 뿌렸다.

대단한 일이 벌어졌다! 삼형제가 '최고로 의욕적인 벌레(Super Motivated Bugs)'로 돌연변이된 것이다.

보통 CCPM 가스가 살포되면 대부분의 벌레는 '의욕적인 벌레'로 바뀐다. 그러나 이번 경우 이미 삼형제는 CCPM 이론에 대해 공부를 많이 해서 '최고로 의욕적인 벌레'로 돌연변이될 수 있었다.

사실 CCPM은 쉽고 효과적이다. 그들은 더 많이 공부하고 실천함에 따라 CCPM의 논리를 더 깊이 있게 이해하게 됐다. 그들은 너무 재밌었다.

이제 문제를 만나면 그 위에 CCPM 가스를 뿌렸다. "경험보다 더 좋은 건 없지!"라고 외치면서 말이다.

그들은 이제 '최고로 의욕적인 벌레' 형제 삼총사라고 불렸고, 모든 곳에서 점점 인기를 더해가게 됐다.
이 형제가 일을 잘해서 마을은 영원히 번영했다.
해피 엔딩!

목표 공유

1 **목표** 공유

프로젝트의 목표

프로젝트를 성공적으로 관리하기 위해 우리에게 필요한 가장 중요한 열쇠는 뭘까? 처음부터 일을 올바르게 시작하는 것이다. 그럼 일을 올바르게 시작한다는 것은 어떤 의미일까? 바로 목표를 공유하는 것이다. 이는 매우 중요하다. '시작이 반이다.'라는 금언은 늘 옳기 때문이다.

대부분의 프로젝트는 목표가 애매하다. 그래서 프로젝트 멤버들 사이에 목표가 제대로 공유되지 않는다. 여기서 문제가 발생한다. 때때로 납기가 정해졌는데도 당신은 목표가 뭔지 아직도 모를 때가 있다. 가끔 목표가 '세계에서 최고의 제품을 개발한다.'라고 단순하게 기술되기도 한다. '세계에서 최고의 제품을 개발한다.'라고 하는 자세는 대단하고 또 높이 평가할 만하다. 하지만 프로젝트 멤버들은 이렇게 애매한 목표 때문에 길을 잃는다.

시장은 변한다. 당신의 조직도 언제든지 변할 수 있다. 따라서 때때로 미래에 지나치게 얽매이는 것은 별 이득이 되지 않는다. 그렇다면 당신은 오히려 오늘 뭘 할 수 있는지에 대해 집중하는 게 더 낫다고 생각할지 모르겠다. '한 걸음씩 나가다 보면 더 넓게 보일 것이다.'라는 생각에서 말이다. 그러나 그러는 동안 프로젝트의 목표는 계속해서 변경돼 프로젝트 멤버들의 의욕을 꺾어놓고 진척은 늦어지며 심지어 프로젝트가 실패하는 경우도 심심찮게 생긴다.

목표 공유를 위한 ODSC
(Objective, Deliverable, Success Criteria 목적, 성과물, 성공 기준)

뛰어난 프로젝트 매니저들은 프로젝트 목표를 정할 때 '조율(すり合わせ, 앞으로 문맥상 혼선이 없으면 조율로 옮김 – 옮긴이 주)'이 중요하다고 늘 강조한다. 조율(すり合わせ)[25]은 '합의에 이른다.'라는 뜻의 일본어다.

프로젝트 매니저들은 프로젝트를 시작하기 전에 모든 프로젝트 이해당사자들 간에 목표를 조율하기 위해 시간을 갖고 열심히 작업한다. 그들은 이것이 프로젝트의 성공을 위해 매우 가치 있으며 필수적인 일이라고 생각한다.

물론 모든 사람들이 조율의 중요성을 알고 있다. 과거에는 이것이 경험 있는 프로젝트 매니저들만이 할 수 있는 매우 어려운 일이라고 여겼다. 하지만 모든 사람들이 경험 많은 매니저들처럼 쉽게 할 수 있는 매우 단순하고 강력한 해법이 있다.

---

25 ODSC는 아브라함 골드랫 인스티튜트(AGI, Avraham Y. Goldratt Institute)의 대표 파트너인 디 제이콥(Dee P. Jacob)이 개발했다. 그녀를 만났을 때 나는 진심으로 감사를 표했다. 놀랍게도 그녀는 '조율'이라는 단어를 매우 좋아했다.

목표를 목적(Objective), 성과물(Deliverable), 성공 기준(Success Criteria)이라는 세 가지 범주로 나누는 것이다. 이를 ODSC라 부른다. 이 해법을 이용해 앞에서 언급한 '세계에서 최고의 제품을 만든다.'라는 애매한 목표에 대해 ODSC를 만들어보자.

ODSC

세계에서 최고의 제품을 만드는 데 무엇이 목적(Objective)이 되겠는가? 목적을 찾으려면 프로젝트 멤버들끼리 토론을 해야 한다. 이때 고위 경영자를 비롯해 프로젝트에 관련된 모든 사람들을 포함시킬 것을 적극 권장한다.

세계에서 최고의 제품을 만드는 목적은 무엇인가? 기록적인 이익을 낸다든가, 경쟁 업체를 물리친다든가, 시장 점유율을 늘린다든가, 성능을 획기적으로 향상시켜 고객을 즐겁게 한다든가, 또는 세계적인 브랜드가 되기 위한 커다란 첫걸음을 내딛는 것이 그 목적이 될 수 있을 것이다. 성공할 경우 이는 프로젝트 멤버들의 개인적 성장을 가져올 것이다. 이들은 굉장한 제품을 만든 대단한 개발팀으로 인식될 것이기 때문이다.

개발된 제품이 세계에서 최고라고 하면, 이는 분명 회사의 사회 공헌에도 기여하는 것이다. 또 이는 모든 프로젝트 멤버들이 오버타임 작업을 줄이고, 전사적으로 팀워크를 좋게 한다. 그뿐만 아니라 모든 멤버들이 목적에 대해 열정을 느끼도록 대화가 진행되도록 하면서 제품 개발 리드타임을 줄이는 법을 배울 수 있도록 도울 것이다. 정리하면 다음과 같다.

- 기록적인 이익을 실현한다.

- 최대의 시장 점유율을 얻기 위해 경쟁 업체를 물리친다.

- 획기적인 제품 성능을 통해 고객을 만족시킨다.

- 세계적인 브랜드가 되기 위한 위대한 첫걸음을 내딛는다.

- 멤버들의 개인적, 전문적 성장을 위한 기회를 제공한다.

- 오버타임 작업을 줄이고 전사적으로 팀워크를 좋게 하면서 제품 개발 리드타임을 감축하는 프로젝트 관리법을 배운다.

조직 내에는 상이한 역할과 책임을 맡고 있는 다양한 사람들이 있다. 각각 배경도 역할도 다르고 프로젝트에서 각자의 관심사도 다르다. 그래서 목적에 관해 토론을 하면 조직 안에 존재하는 독특한 관심사들이 드러난다. 영업 담당자는 자신만의 관심사가 있다. 프로젝트 멤버, 고위 경영자도 마찬가지다.

그러므로 목적에 관해 논의할 때는 가능한 한 개방적이고 자유롭게 토론하는 것이 좋다. 프로젝트 멤버들뿐만 아니라 모든 이해당사자가 자신들의 의견을 내놓아 이를 공유할 수 있도록 한다. 이때 다음 6가지 관점을 체크하는 것이 좋다.

재무 관점, 고객 관점, 업무 프로세스 관점, 성장과 육성 관점[26], 경영 이념 관점, 기업의 사회 공헌 관점이다. 프로젝트가 성공하려면 이해당사자들의 지원이 중요하다는 점을 모두들 잘 알고 있다. 모든 이해당사자들로

---

[26] 처음 네 가지 관점은 로버트 캐플런(Robert S. Kaplan)과 데이비드 노턴(David P. Norton)의 균형성과지표(Balanced Scorecard)에 속한다.

부터 필요한 지원을 확실히 얻으려면 위 6가지 관점을 체크해야 한다. 목적이 경영 이념을 뚜렷하게 반영하고 있어서 고위 경영자가 프로젝트를 지원하고 싶게끔 동기 부여가 되는 경우 고위 경영자의 반응이 어떤지 살펴보는 것은 늘 매우 흥미롭다.

모든 사람들이 경영 이념의 중요성을 알고 있다. 그렇지만 모든 사원들이 일상적인 업무 활동 중 경영 이념을 실행하도록 교육하는 일은 쉽지 않다. 그래서 많은 회사에서 경영 이념을 적은 포스터를 벽에 걸어 사원들이 이를 이해하고 일상적으로 행하게끔 상기시키려 한다. 그런데 알다시피 이렇게 하기란 어렵다.

하지만 프로젝트 목적에 경영 이념이 명확히 반영되면 고위 경영자는 기분이 좋아져서 프로젝트가 성공할 수 있도록 흔쾌히 도우려 한다. 또 이렇게 하면 프로젝트 멤버들에게 경영 이념과 기업의 사회 공헌 의식 모두를 자연스럽게 심을 수도 있다.

모든 사람들을 포함하라

시작이 중요하다고 흔히들 이야기한다. 프로젝트를 성공으로 이끌려면 프로젝트 시작 단계에서 반드시 '조율 논의'를 거쳐야 한다. 조율 논의를 할 때 모든 프로젝트 멤버, 리더, 매니저, 고위 경영자들을 비롯해 가능한 한 많은 사람들을 포함시켜야 전사적으로 관련 지식 전부를 모을 수 있다. 두 사람의 지혜가 한 사람의 것보다 낫고, 세 사람의 지혜가 두 사람의 것보다 낫다. 토론에 더 많은 사람들을 참여시킬수록 ODSC는 더 좋아진다.

나는 수백 명의 사람이 한곳에 모여 프로젝트의 목적에 관해 논의할 수 있는 기회를 많이 가졌다. 이런 토론은 늘 기운찼다. 일본 전역을 돌면서 이런 논의를 할 때마다 굉장한 에너지를 느낄 수 있었다.

성과물

앞에서 논의한 목적들을 달성하기 위해 당신은 뭘 만들어야 하는가? 제품만 만들면 되는가? 아니다. 당신은 매뉴얼, 포장, 업무 안내 책자, 리드 타임을 획기적으로 줄이는 데 필요한 프로젝트 네트워크, 프로젝트 관리를 개인적 성장과 연관시키는 사람들이 필요하다.

- 제품 X

- 매뉴얼

- 포장

- 업무 안내 책자

- 점유율과 이익 증대

- 다음 프로젝트에도 활용할 수 있는 프로젝트 네트워크

- 다른 사람들을 훈련시킬 수 있을 만큼 프로젝트 관리에 대해 이해하고 있는 멤버들

- 가족과 보내는 가치 있는 시간

많은 경우 가장 큰 문제는 성과물(deliverable)과 목적을 혼동하는 데서 발생한다. 당신이 알고 있듯이 이러한 성과물은 목적을 실현하기 위해 설계된다. 다시 말해 성과물은 필요조건이다. 성과물은 프로젝트를 성공으로 이끌기 위한 수단인 셈이다. 그러나 전통적인 프로젝트 관리에서는 목적보다 성과물이 더 많은 관심을 받는다. 성과물은 프로젝트에 의해 만들

어지는 그 무엇이기 때문이다.

납기가 가까워지면서 당신이 곤경에 처하게 되면 상황은 더 나빠진다. 돈이 얼마가 들더라도 제품을 납기까지 만들어내는 데 더욱더 초점을 맞추게 마련이기 때문이다. 이렇게 목적과 수단을 혼동하게 만드는 메커니즘이 분명히 존재한다. 그러나 당신이 'ODSC 논의'를 한다면 수단은 목적과 분명하게 구분되고, 프로젝트 멤버들의 마음은 수단이 아니라 목적에 더 초점이 맞춰질 것이다.

성공 기준

앞의 두 가지 논의에 따라 모든 프로젝트 멤버들의 목적과 성과물이 여실히 드러났다. 그럼 이 프로젝트가 성공했는지 판단할 수 있는 평가 기준을 하나하나 확실하게 작성해야 한다. 앞의 예의 경우 '성공 기준(Success Criteria)'은 다음과 같다.

- 경쟁 업체보다 3개월 먼저인 00월 00일까지 제품을 출시한다.
- 40%의 기록적인 이익률을 달성한다.
- 제품 성능을 50% 향상시킨다.
- 브랜드 인지도 조사 보고서에 상위 10위 안에 랭크된다.
- 시장 점유율 50% 이상, 매출 00백만 달러를 올린다.
- 이산화탄소 배출량을 10% 감축해 환경 친화적 제품을 개발한다.
- 품질 문제를 기존 제품의 절반으로 줄인다.

- 경제 단체로부터 XX상을 받는다.
- 오버타임을 절반으로 줄이고 주말 근무를 없앤다.
- CEO가 "저는 이 팀이 대단히 자랑스럽습니다. 이번 프로젝트를 우리 회사의 베스트 프랙티스로 삼고 모든 부서에 적용하기로 했습니다." 라고 말하도록 한다.

성공 기준은 당신이 평가할 수 있는 그 무엇이어야만 한다. 물론 계량적으로 평가할 수 있는 성공 기준을 세우는 게 어려울 수 있다. 하지만 위에서처럼 "CEO가 '저는 이 팀이 대단히 자랑스럽습니다. 이번 프로젝트를 우리 회사의 베스트 프랙티스로 삼고 모든 부서에 적용하기로 했습니다.' 라고 말하도록 한다."와 같이 표현하면 쉽게 이해할 수 있다. 사실 대부분의 경우 이런 유형의 표현이 성공 기준에 포함되면, 프로젝트가 성공했을 때 어떤 모습일지 머릿속으로 그리도록 팀원들의 뇌를 자극하기 때문에 매우 효과적이다.

여기에 열거된 각각의 성공 기준은 이 프로젝트가 아주 성공적이었다고 선언하기에 충분한 조건임에 주목하기 바란다.

소리 내어 읽는다

위에서 언급한 세 가지에 대한 논의를 마친 후 이를 모든 프로젝트 멤버들 앞에서 크게 읽기 바란다. 이를 듣고 모든 프로젝트 멤버들이 의욕적인 얼굴로 유쾌하게 웃으면 ODSC 논의는 완료된 것이다!

ODSC 워크시트 완성본

목적 (Objectives)

- 기록적인 이익을 실현한다
- 최대의 시장 점유율을 얻기 위해 경쟁 업체를 물리친다
- 획기적인 제품 성능을 통해 고객을 만족시킨다
- 세계적 브랜드가 되기 위한 위대한 첫걸음을 내딛는다
- 멤버들의 개인적, 전문적 성장을 위한 기회를 제공한다
- 오버타임 작업을 줄이고 전사적으로 팀워크를 좋게 하면서 제품 개발 리드타임을 감축하는 프로젝트 관리법을 배운다

성과물 (Deliverables)

- 제품 X
- 매뉴얼
- 포장
- 업무 안내 책자
- 점유율과 이익 증대
- 다음 프로젝트에도 활용할 수 있는 프로젝트 네트워크
- 다른 사람들을 훈련시킬 수 있을 만큼 프로젝트 관리에 대해 이해하고 있는 멤버들
- 가족과 보내는 가치 있는 시간

성공 기준 (Success Criteria)

- 경쟁 업체보다 3개월 먼저인 00월 00일까지 제품을 출시한다
- 40%의 기록적인 이익률을 달성한다
- 제품 성능을 50% 향상시킨다
- 브랜드 인지도 조사 보고서에 상위 10위 안에 랭크된다
- 시장 점유율 50% 이상, 매출 00백만 달러를 올린다
- 이산화탄소 배출량을 10% 감축해 환경 친화적 제품을 개발한다
- 품질 문제를 기존 제품의 절반으로 줄인다
- 경제 단체로부터 XX상을 받는다
- 오버타임을 절반으로 줄이고 주말 근무를 없앤다
- CEO가 "저는 이 팀이 대단히 자랑스럽습니다. 이번 프로젝트를 우리 회사의 베스트 프랙티스로 삼고 모든 부서에 적용하기로 했습니다."라고 말하도록 한다

재무적 관점	고객 관점	업무 프로세스 관점	성장과 육성 관점

기업의 사회 공헌 관점	경영 이념 관점

※ 160쪽에 수록된 ODSC 워크시트를 직접 작성해보기 바란다.

여기서 얘기하고 있는 것들은 전혀 새로운 것이 아니다. 그동안 프로젝트가 심각한 어려움에 봉착했을 때 무엇을 했는지 상기해보기 바란다. 당신은 이에 대해 프로젝트 멤버들끼리만 논의하지 않고 고위 경영자뿐만 아니라 모든 이해 당사자들을 포함시켜 논의했을 것이다. 이때 우선적으로 프로젝트의 목적에 관해 논의했을 것이다. 심각한 문제를 만날 때 이렇게 하는 것은 자연스럽고 상식적인 것이다. 이 책에서 새롭게 제시하는 것은 프로젝트 시작 단계에서부터 이런 식으로 하라는 것뿐이다.

시작이 반이다

프로젝트 관리를 할 때 유명한 말 '시작이 반이다.'를 실천하려면 어떻게 해야 할까? 나는 심각한 문제를 만난 다음 불을 끄려고(이렇게 하면 많은 시간과 돈이 소모된다) 노력하는 대신 초기에 목표 공유를 위해 ODSC 논의를 해볼 것을 강력하게 추천한다.

문젯거리를 만나면 비상조치가 취해진다. 불끄기 솜씨는 때때로 프로젝트 매니저의 역량으로 간주된다. 많은 프로젝트 매니저는 불끄기 자체에서 멋을 찾는다. 다만 문제는 그러한 불끄기가 너무 늦기 전에 우리가 조치를 취하는 데는 도움이 되지 않는다는 것이다.

'불끄기'를 피하고 싶다면, 당신은 ODSC 논의를 하고 프로젝트 목표에 대한 조율을 해서 모든 프로젝트 이해 당사자들 간에 공통 목표를 공유하면 된다. 이렇게 하는 데 30분이면 족하다.

성공 기준에 혼이 깃든 말을 넣어라

프로젝트는 결국 사람이 하는 것이다. '혼이 깃든 말'은 팀원들에게 강한 영감을 준다. 예컨대 성공 기준에 "사장이 '대단하군! 이 팀은 나의 자랑이야!'라고 말하게 한다."와 같이 혼이 담긴 말이 들어가면 성공 확률은 훨씬 높아진다.

지금까지 가장 훌륭했던 프로젝트의 실례가 있다. 어느 유명 메이커의 소비재 개발 프로젝트다. 이 회사는 자사 제품을 취급해주지 않는 규모가 큰 편의점 체인 때문에 어려움을 겪었다. 성공 기준에 관해 논의한 결과 다음과 같은 것이 나왔다.

"편의점 체인의 구매 담당이 '제발 폐사가 귀사의 신제품을 취급할 수 있게 해주세요.'라고 말하게 한다."

바로 이런 말이 팀원들의 사기를 올린다. 그뿐만 아니라 구체적으로 편의점 체인 구매 담당의 얼굴과 청원하는 모습이 떠오르게 한다. 이런 성공 기준을 달성하기 위한 팀 활동은 더 구체화되고, 이에 따라 프로젝트가 성공할 확률은 높아진다.

프로젝트에는 항상 문제가 발생한다. 문제를 만나면 프로젝트 팀원들은 때로 프로젝트의 목표를 잊어버리고 일단 성과물을 만드는 일에 사로잡힌다. 그러나 "편의점 체인 구매 담당이 '제발 폐사가 귀사의 신제품을 취급할 수 있게 해주세요.'라고 말하게 하려면 우리가 어떻게 하면 될까?"라는 식의 논의를 하면, 팀원들의 의식은 수단이 아니라 프로젝트 목표에 집중하게 된다. 성과물은 프로젝트의 수단이지 프로젝트 목표 자체가 아니라는 점을 명심하자.

'혼이 깃든 말'은 프로젝트 수행 과정 중에 슬로건처럼 팀원들에게 반복적으로 떠올라 자연스럽게 성공 기준에 계속 집중하게 한다. 그러므로 혼이 깃든 말을 성공 기준에 넣는 것은, 프로젝트를 성공시키는 매우 강력하고 효과적인 도구임을 기억해두기 바란다.

ODSC 워크시트

목적 (Objectives)

성과물 (Deliverables)

성공 기준 (Success Criteria)

ODSC는 프로젝트의 대의명분이다

흔히 프로젝트의 대의명분을 명확하게 하는 것이 좋다고 한다. ODSC
는 대의명분을 (모든 프로젝트 멤버들 사이에 공유되어야 할 목적, 성과물, 성공
기준으로) 분해해 놓은 것으로 팀워크를 증진시키고 프로젝트의 성공을 가
져온다. ODSC를 이용해 대의명분을 명확히 하기 위해 항상 다음을 체크
하길 바란다.

- 6가지 관점(재무적 관점, 고객 관점, 업무 프로세스 관점, 성장과 육성 관점,
  경영 이념 관점, 기업의 사회 공헌 관점)이 포함돼 있는가?
- 경영진의 정책과 프로젝트의 목적에 부합하는가?
- 모든 멤버들이 '과감하지만 실현 가능한' 목표 설정을 하도록 동기 부
  여를 하는가?
- 사회 윤리에 부합하는가?(사회 공헌 관점이 포함되어 있는지를 확실히 한다.)

위 체크 리스트는 내가 일본 전역의 뛰어난 경영자들에게 배운 커다란
교훈이다. 가장 중요하게 체크해야 할 점은 사회 윤리 측면이다. 최근 기업
활동 윤리에 관해 우려를 불러일으킨 스캔들이 많았다. 대부분의 기업 활
동은 이윤 추구를 목적으로 하고 경영진의 업적도 이로써 평가되기 때문에
사람들은 이윤 추구만을 생각하는 경향이 있다. 그런데 지나치게 이윤 추
구에 집중하면 가끔 사회 윤리에는 관심을 두지 못할 때가 있다.

때로는 힘든 경영 목표를 달성하기 위해 경영자들은 ODSC에 위험도가 높은 내용을 포함시킨다. 이는 매우 위험하다. 모든 회사와 조직은 사회에 속해 있다. 자신의 행동이 사회 윤리 범위를 벗어나는지 체크하는 일은 매우 중요하다. 사회 윤리에 어긋나면 회사 브랜드에 심각한 타격을 주고 사람들의 생계를 위험에 처하게 할 수도 있기 때문이다.

이러한 폐단을 피할 수 있는 아주 훌륭한 길이 있다. 경영 이념에 종종 열거돼 있는 사회 공헌 측면을 ODSC에 확실히 포함시키는 것이다. 이렇게 하면 프로젝트 멤버들의 사기가 올라가고 심지어 프로젝트 팀 외부에서도 더 많은 지원을 받게 된다. 나도 얼마 전까지 그 이유를 몰랐는데 지금은 이해하게 됐다.

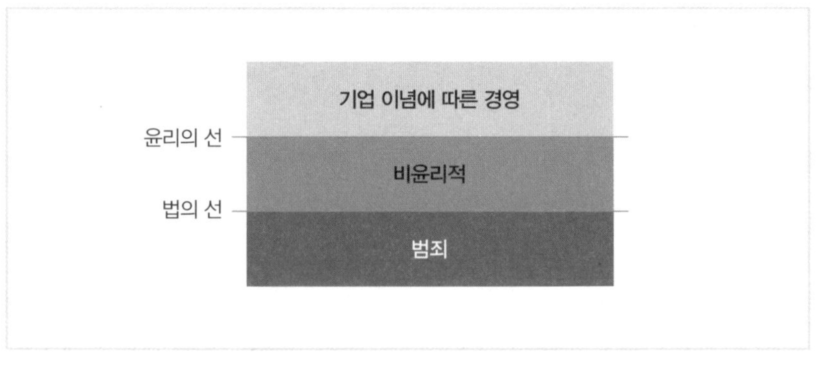

위 그림을 보자. 사회에는 두 가지 선(line)이 있다. 하나는 법의 선(Law line)이고 다른 하나는 윤리의 선(Moral line)이다. 법의 선 아래에 놓이는 행동은 범죄라고 말한다. 법의 선과 윤리의 선 사이에 놓이는 행동은 비윤리적이라고 표현한다. 이런 행동은 법을 위반한 것은 아니지만 사회에서 존경받지 못한다. 윤리의 선 위에 놓이는 행동은 당연히 사람들이 존경한다.

윤리적 가치를 지니기 때문이다.

대부분 경영 이념에는 사회 윤리에 합치하는 여러 문장이 있다. 이러한 문장들이 ODSC에 들어가 있으면 그것은 사회에 화(和)를 촉진하고, 따라서 당신은 자연스럽게 더 많은 지원을 받는다. 심지어 당신의 프로젝트와 상관없는 사람들로부터도 말이다.

이 또한 전혀 새로운 내용이 아니다. 일본에서 오미 지방 상인은 성공한 사업가로 유명하다. 오미 상거래에는 윈-윈-윈(Win-Win-Win), 즉 삼자에게 좋아야 한다는 원칙이 있다. 이는 오랜 기간 사업의 원칙으로 소중하게 지켜지는 것으로 고객에게 좋고, 우리에게 좋고, 사회에 좋다는 뜻이다 (이에 대해서는 부록 '윈-윈-윈 공공사업 혁신'에 더 자세히 설명돼 있다. – 옮긴이 주).

목표를 높여야 프로젝트 성공률도 높아진다

목표는 어느 정도로 설정해야 좋을까? 경험적으로는 목표가 높을수록 성공 확률이 높다.

프로젝트는 기본적으로 회사의 경영 목표와 연관돼 있다. ODSC에 재무적 관점, 고객 관점, 업무 프로세스 관점, 성장과 육성 관점, 경영 이념 관점, 기업의 사회 공헌 관점이 들어가면서도 목표가 대단한 것이라면 자연스럽게 경영자나 다른 부서, 또는 유관 기업도 "이런 목표라면 도와줘야지."라며 의욕이 생길 것이다.

반면 목표가 달성하기 쉬운 수준이라면 "저 사람들은 여유를 갖고 있다."라고 간파해 지원할 마음이 없어진다. 낮은 목표는 지원받기 어렵지만, 높은 목표는 그 뜻에 공감한 외부의 실력자로부터 지원받을 가능성이 크다. 바로 이러한 점 때문에 목표 설정을 높게 하는 것이 결국 프로젝트 성공 확률을 높이는 메커니즘이다.

2 ODSC로 인재 육성

프로젝트를 통한 인재 육성

프로젝트의 ODSC를 작성하는 과정에서 자신이 어떻게 성장할지 전망해볼 것을 강력하게 추천한다. 다시 말해 '나는 이 프로젝트를 통해 어떻게 성장하기를 바라는가?', '프로젝트 완료 후 내가 어떤 모습으로 변하면 좋을까?', '프로젝트 팀원들은 어떻게 성장할까?' 등의 항목을 써보라. 보통 프로젝트를 진행하게 되면 자신이 지금껏 접하지 못한 것을 경험하기 때문에 프로젝트는 개인적·전문적 성장과 밀접한 관계가 있다. 따라서 위와 같이 미래의 바람직한 자신의 모습을 그려보는 것은 매우 중요한 일이다.

나는 수많은 프로젝트에 참여한 경험이 있다. 이 과정에서 스스로 여러 측면에서 성장했음을 실감했고 팀원들이 성장하는 모습도 봤다. 프로젝트가 성공했을 때는 어김없이 팀원들의 개인적인 발전도 함께 이뤄졌다. 이처럼 프로젝트의 성공이 자신의 성장과 일치할 때 목표 의식이 생기고 사

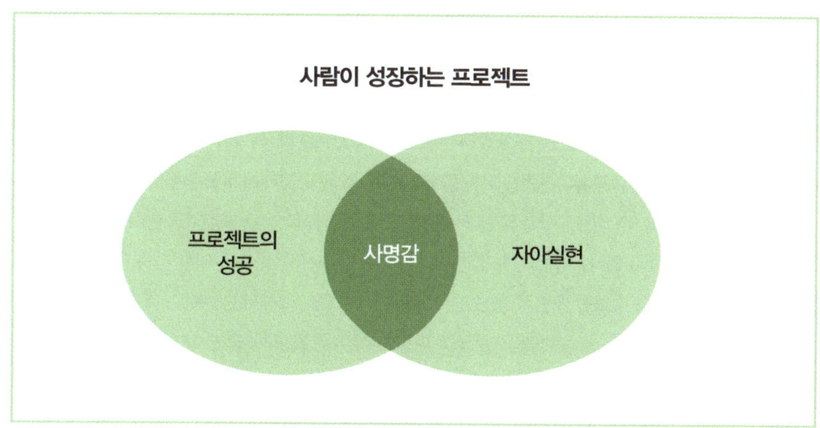

명감이 생긴다. 바꿔 말하면 프로젝트의 성공률은 사명감이 생길 때 비약적으로 높아진다는 것이다.

몇 번이고 반복해서 말하지만 프로젝트의 주체는 사람이다. 팀의 사기와 열정은 프로젝트를 성공시키는 데 대단히 중요한 요인이므로 당연히 프로젝트에서 대의명분과 목적을 중요시해야 한다.

프로젝트 ODSC에 담당자 자신은 물론 팀원들의 개인적 발전을 적어 넣는 것은 프로젝트가 성공할 수 있는 기회를 더 많이 만드는 일일 뿐만 아니라 인재 육성까지 할 수 있는 일석이조의 방법이다.

칼럼 04 TOC는 왜 제약 이론인가?

여러 차례 다음과 같은 질문을 받았다.

"TPS(도요타 생산 시스템)과 TOC의 차이점은 뭡니까?"

"TOC는 뭐가 다른가요? 이건 우리에게 새로울 게 전혀 없는 상식에 불과하지 않습니까?"

나는 이런 논의가 아무 의미가 없다는 것을 알게 됐다. 옥스퍼드 사전에 따르면 이론은 '무엇이 일어나는지 또는 존재하는지 그 이유를 설명하기 위한 아이디어들의 공식적인 집합'을 말한다. 골드랫 박사의 꿈은 새로운 시스템을 개발하는 것이 아니다. 단순한 논리를 써서 많은 경영 방법들을 통일된 형식으로 설명할 수 있는 '이론'을 개발하는 것이다. 그래서 TOC는 단지 일련의 시스템이나 방법이 아니라 이론이라고 불린다. 때때로 TOC는 상식이라고 불리기도 한다.

그래서 무슨 상관이 있나? 나는 그렇게 생각하지 않는다. 사람들이 나무에서 사과가 떨어지는 것을 볼 때 그 낙하 경로는 자연적 또는 '상식'이라고 여겨졌다. 하지만 뉴턴이 이 광경을 관찰했을 때 그는 중력 이론을 발견했다. 골드랫 박사가 상식을 봤을 때 그는 그 안에서 제약 이론을 발견했다.

골드랫 박사는 저서 《더 골 The Goal》 서문에서 다음과 같이 말했다.

"나에게 그리고 존경받는 수많은 과학자에게 과학이란 자연의 신비 또는 진리에 대한 것이 아니다. 과학은 단순히 우리가 많은 자연 현상의 존재를 명료한 논리적 추론을 통해 설명할 수 있는 최소한의 가정들을 시험하거나 설정하는 데 사용하는 방법을 말한다."

사실 TOC는 일본 산업 현장의 베스트 프랙티스를 논리적으로 분석하고 설명해 모든 사람들이 쉽게 이해하고 실천하도록 하는 아주 편리한 도구다. 더구나 TOC는 매우 단순하다. 우리가 TOC를 사용하면 그 단순함에 담긴 아름다움을 볼 수 있다.

PART 06

준비가 8할

1

준비가 8할

공통 목표를 ODSC로 표현하고 공유했으면, 다음 단계는 ODSC를 성공적으로 실현할 수 있는 계획을 세우는 일이다. 이를 수행하는 매우 간단하지만 강력한 방법이 있다. '준비가 8할 계획'이 바로 그것이다.

10시 기차를 타려면

지금 당신은 사무실에 있고 10시 기차를 타고 싶다고 생각한다. 이를 달성하기 위한 당신의 사고 과정은 어떨까?

'10시 기차를 타려면 적어도 5분 전에는 기차표를 사야 한다. 그러려면 10분 전에는 역에 도착해야 한다. 9시 50분에 기차역에 도착하려면 집에서 역까지 걸어서 10분 정도니까 늦어도 9시 40분에는 집에서 나서자. 그러려면 집을 나서는 준비는 이보다 10분 정도 일찍 마쳐야 한다. 즉, 9시 30

분에 준비가 끝나고 9시 40분에 집을 나서서 9시 50분에 역에 도착해 표를 사서 플랫폼에 도착하면 10시 기차를 탈 수 있다.'

사람들은 일반적으로 이런 방식으로 생각한다. 사람들이 목표를 세울 때는 뒤에서부터 생각하고, 계획이 달성되는지 확인할 때는 앞에서부터 생각한다. 이것이 사람들이 하는 상식적이고 자연스러운 사고 방법이다.

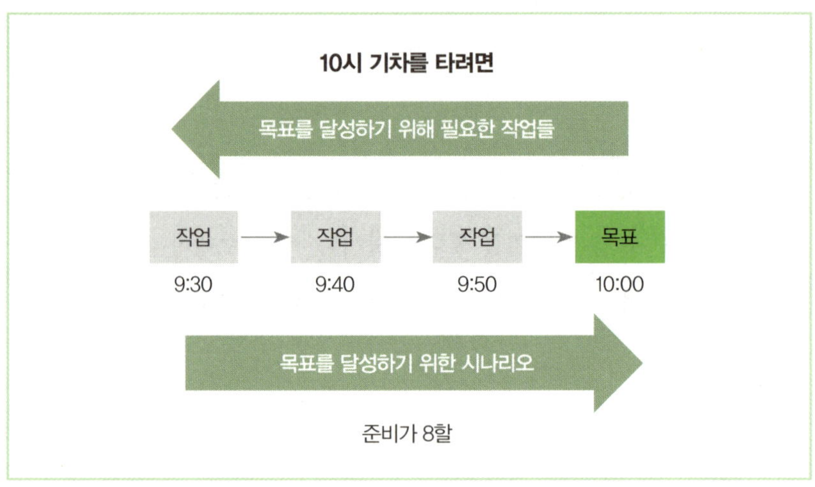

그런데 일본의 프로젝트 관리 현장에서는 절차의 중요성을 강조하는 말로 '준비가 8할'이라는 말이 빈번히 쓰인다. 글자 그대로의 뜻은 '프로젝트 성공의 8할은 사전 준비 계획에 달려 있다.'라는 것이다.

현장 사람들 모두 이 말이 맞다는 것을 알지만 아무도 이를 실천하는 방법을 모른다는 것은 미스터리다. 그래서 이는 경험 많은 매니저만이 직관으로 알아차리고 오랜 기간 축적한 경험을 통해 얻을 수 있는 뛰어난 재주라고 인식돼 왔다. 그러나 내가 '후진 계획법(Backward Planning)'을 소개하자 모두 이것이 바로 그들이 생각하는 방식이라며 동의했다.

'준비가 8할' 계획을 세워라

'준비가 8할' 계획을 세우는 것은 매우 쉽다. 단지 다음 질문을 던지면 되기 때문이다.

"이 작업을 시작하기 바로 직전에 완료해야 할 작업들은 무엇인가?"
"정말로 그것들뿐인가?"

단순히 이 두 가지 질문을 반복하며 프로젝트의 마지막 작업부터 시작해서 최초의 작업까지 거슬러 올라간다. 이 질문을 이용해 팀 토론을 해

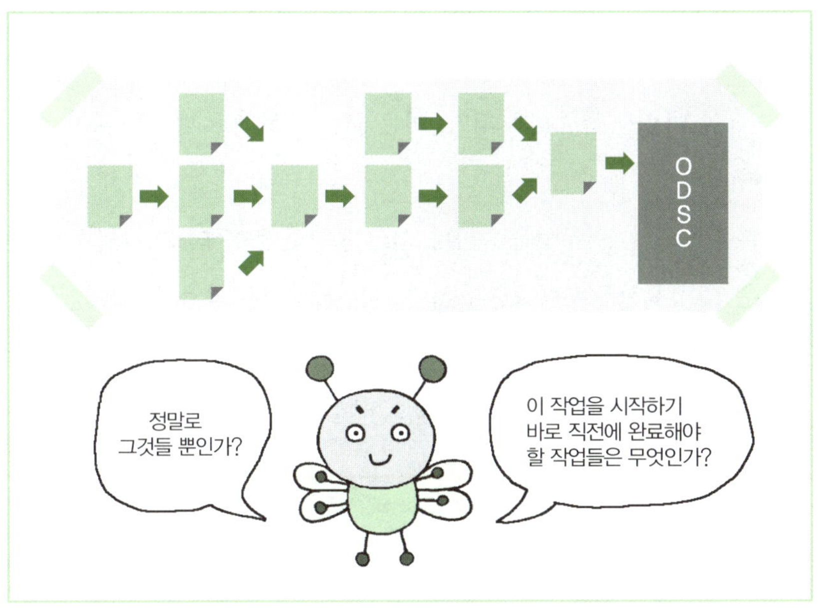

보면 이 과정이 ODSC에 있는 목표를 달성하는 데 필요한 모든 작업을 찾아내는 데 아주 효과적이라는 것을 알 수 있다. 반드시 이 과정을 이해해야 한다. 이것이 바로 '준비가 8할'의 핵심이다. 이는 다른 사람들이 프로젝트의 작업과 관련된 준비와 절차 면에서 무엇을 하는지 알아낼 수 있는 좋은 기회다.

이 두 가지 질문은 필요조건 논리와 충분조건 논리를 이용해 논리적인 네트워크를 만들 수 있도록 설계돼 있다. 그럼 이제 ODSC에서 논의된 목표를 논리적으로 달성하기 위한 네트워크를 만들 수 있다.

명사 & 현재 시제의 동사 형식

각 작업을 '명사 & 현재 시제의 동사', 즉 '무엇을 …한다.' 형식으로 표현하는 것이 중요하다. 이렇게 함으로써 자연스럽게 작업의 소요 시간과 실제 작업 내용을 생각하게 되며, 이는 모든 프로젝트 멤버들 사이에 공유된다.

그뿐만이 아니다. '무엇을 …한다.'라고 표현하면 이해하기도 훨씬 쉽다. 어려운 말이나 전문 용어를 사용하면 다른 사람들은 작업의 내용을 잘 알 수 없다. 그러나 '무엇을 …한다.'라고 표현하면 누구나 이해할 수 있는 말로 논의할 수 있다.[27] 다른 사람에게 지원받기를 원한다면 다른 사람들이

---

27 왜 사람들은 복잡하고 어려운 용어를 쓸까? 이런 용어는 단지 다른 사람을 헷갈리게 하고 종잡을 수 없게 만드는 것 같다. 이런 용어는 애매하기 때문에 대부분 그 진짜 의미를 이해하지 못하고, 결국 이는 안전 여유의 조작을 가능케 한다. 이런 용어를 사용하는 사람들 대부분은 커다란 책임을 맡고 있다. 이는 그들이 우리 같은 보통 사람들보다 더 많은 안전 여유를 필요로 한다는 것을 의미한다.

이해할 수 있도록 모든 작업을 분명하게 표현해야 한다.

또한 모든 프로젝트 멤버들과 논의할 때 베테랑의 지식과 고위 경영자의 조언을 귀담아듣는 것이 좋다. 이들의 지식과 조언을 준비가 8할 계획에 반영해 작업 네트워크에 명시하도록 한다.

일반적으로 대부분의 뛰어난 프로젝트 리더들은 복잡하고 어려운 아이디어들을 이해하기 쉽게 의사소통하는 데 능숙하다. 그래서 다른 사람들의 지원을 잘 얻어낸다. 작업을 수행하는 사람들은 대부분 '보통 사람들'이다. 그러므로 당연히 보통 사람들이 이해할 수 있도록 작업들을 표현해야 한다.

비법 06 퍼실리테이터는 프로젝트에 대해 아무것도 모르는 사람이 좋다

전통적으로 퍼실리테이터(facilitator, 조력자라는 뜻. 여기서는 '회의 진행 담당'이라는 의미로 쓰임 - 옮긴이 주)는 코칭 기법 같은 스킬을 가진 경험자여야만 한다고 했다. 그러나 개인적으로 수백 번 경험한 끝에 이런 스킬이 꼭 필요한 것은 아니라고 믿게 됐다. 오히려 아무것도 모르는 새파란 친구가 퍼실리테이터를 맡는 편이 좋은 경우가 많다. 예컨대 신입사원이나 젊은이가 퍼실리테이터를 맡으면 마치 주위 사람들이 이 사람을 가르치고 이해시키는 것처럼 논의가 진행된다. 그러면 베테랑의 지혜가 자연스럽게 젊은이에게 전해져 교육이 되기도 한다.

젊은이가 틀린 작업이나 절차를 말해도 염려할 것 없다. 이를 베테랑들이 귀한 조언을 해줄 테니 말이다(왜 그런지 잘 모르겠다. 내가 들은 바로는 베테랑들은 자신들의 젊은 시절 실수가 떠올라서 그랬다고 한다).

베테랑에게는 퍼실리테이터를 해달라고 요청하지 않는 게 좋다. 그러면 프로젝트 멤버들이 논의 시간에 베테랑에게 의존하게 되고 때로는 사람들이 발언하기를 두려워한다. 그렇게 되면 논의 자체가 점차 상사가 멤버들을 설득하는 모습으로 변한다. 이런 분위기에서는 공통 목표가 논의되고 공유되기란 거의 불가능하다.

어쨌든 잘 모르는 사람이 퍼실리테이터를 해보는 것은 어렵지 않다. 단지 질문 여러 개를 잘 준비해서 물어봄으로써 미숙한 사람도 퍼실리테이터 역할을 쉽게 할 수 있다. 이는 현장 연수를 위해

앞에서부터 체크한다

후진 계획 수립을 완료한 후 그다음 단계는 뭘까? 바로 작업들을 앞에서부터 읽는 것이다. 모든 작업이 마치 프로젝트를 성공시키기 위한 시나리오처럼 각 순서에 따라 명사와 동사로 표현되기 때문에 읽기가 아주 쉽다. 각 작업을 하나씩 순서대로 큰 소리로 읽어서 작업 내용을 확인한다. 또한 각 작업이 목표에 이르는 데 서로 어떤 관계를 맺고 있는지 확인한다.

이는 ODSC에서 논의된 '프로젝트 목표에 이르는 계단'과 같다.[28] 이렇게 진행하는 과정에서 빠진 작업이 발견되면 추가해서 계획을 더 좋게 만든다. 단순히 다음과 같이 작업들을 큰 소리로 읽는다.

"만약 A를 한다면, B를 할 수 있다."

---

[28] 나는 '천국에 이르는 계단(Stairway to Heaven)'으로 유명한 레드 제플린(1970년대에 전성기를 누린 영국의 록 그룹) 음악을 전문으로 하는 밴드의 보컬리스트로 활동하고 있다. 내 목소리가 이 그룹의 로버트 플랜트와 매우 닮아서 로버트의 영이 환생한 것 같다고 생각하는 사람들도 있다 (미안하지만 그는 아직 살아 있다) 'Communication Breakdown'이 개인적으로 좋아하는 곡이다. 조직에서 발생하는 의사소통상의 문제를 고치는 것이 내 직업이라고 생각하니 때로는 이상한 느낌도 든다.

작업들을 이렇게 읽는 것은 마치 프로젝트의 성공 스토리를 이야기하는 것과 같다. 이렇게 하면 모든 멤버들이 팀워크를 통해 목표를 성취할 수 있다는 확신이 들어서 얼굴에 미소와 의욕이 가득해지는 것을 볼 수 있을 것이다. 나는 여러 종류의 산업에서 수백 건의 프로젝트를 이런 식으로 실시해봤다. 단지 몇 시간만 논의하면 '과감하지만 실현 가능한' 목표와 함께 뛰어난 품질의 작업 네트워크(이전에 한 번도 만들어본 적이 없었던 경우라도)를 만들어낼 수 있다는 사실에 항상 놀라곤 했다.

원인-결과 논리를 이용해서 모든 작업과 각 작업 간의 상호 연관성이 ODSC에서 논의한 목표를 확실히 '논리적으로' 달성할 수 있는지 점검할 수 있다는 것에 주목하기 바란다.

고위험 작업은 더 앞쪽으로 밀어낸다

위에서 논의한 것처럼 해보면 위험이 큰 작업들은 자연히 시간상 앞쪽으로 밀려나가는 것을 알 수 있다. 네트워크는 필요조건 논리를 써서 뒤쪽에서부터 만들기 때문에 고위험 작업들은 필연적으로 앞쪽으로 밀려난다. 경험 많은 베테랑은 고위험 작업들을 먼저 하는 데 반해, 경험이 적은 작업 담당자는 그들이 다룰 수 있다고 생각하는 작업들로 일을 시작한다. 결국 경험이 적은 작업 담당자는 종종 나중에 수정을 하게 돼 "서두르면 일을 그르친다.", 또는 "많은 일을 시작하는 자는 끝내는 일이 적다."라는 말대로 된다.

그러나 팀원들이 모여 프로젝트 작업들에 대해 의논할 때 베테랑들을 포함시키면, 베테랑들은 "A작업(고위험 작업)은 B작업(저위험 작업)보다 먼저 하라."는 값진 조언을 할 것이다. 각 작업이 이루어지는 방법은 이전과 같으나 단지 작업들 간의 상호 관계가 달라지는 것이다. 이렇게 순서를 정하면 잠재적 위험이 일찍 드러나거나 위험이 급격히 줄기 때문에 미래에 나타날 수 있는 잠재적 문제들을 제거할 수 있다.

또한 이런 과정을 통해 사람들은 베테랑으로부터 '준비가 8할'의 의미에 대해 많은 것을 배우게 된다. 고위험 작업은 일찍 시작한다는 프로젝트 관리상의 원칙도 보다 철저해진다. 이는 경험이 없는 사람들을 계획 단계에서 체계적으로 훈련하고, 또한 예전에는 단지 경험을 통해서만 배울 수 있었던 것들을 교육하는 수단으로서도 아주 효과적이다.

추정을 지속적으로 개선하기

프로젝트에는 여러 종류의 작업들이 섞여 있다. 어떤 작업들은 상당히 정확하게 추정할 수 있는 데 반해 어떤 작업들은 그렇지 못하다. 불확실성이 높은 작업들은 항상 있게 마련인데, 이런 불확실성은 일을 실제로 시작하기 전까지는 잘 모른다.

불확실성이 높은 작업들은 불확실성을 파악하고 위험을 추정할 수 있도록 일찍 시작해야 한다. 일찍 시작함으로써 불확실성을 초기 단계에서 해소하고 프로젝트를 진행함에 따라 프로젝트에 대한 추정을 보다 정확하게 할 수 있다. 그 결과 자연히 납기를 준수할 확률이 높아진다. 이렇게 하면 프로젝트 멤버들이 전방 사고 기술을 익힐 수 있는데, 이는 프로젝트를 성공으로 이끄는 데 매우 중요하다.

프로젝트 성공을 위한 시나리오 만들기

각 프로젝트 작업에 대해 자원의 이름과 추정 소요 기간을 적어 넣는다. 성공 스토리의 시나리오를 만드는 것과 같이 자원의 이름과 추정 소요 기간을 앞에서부터 적어 넣는 게 좋다. 각 작업에 대해 "누가 할 것인가? 얼마 동안 할 것인가?"를 적는다. 마치 성공 스토리의 시나리오에서 각 장면에 알맞는 배역을 정하는 것과 같다.

요즘에는 프로젝트가 점점 복잡해져서 하나의 프로젝트에 여러 조직이 참여한다. 그래서 종종 누가 무엇을 하는지가 명확히 정리되지 않은 채 프로젝트가 진행된다. 그러면 한 사람이 다른 사람의 임무를 침범하기도 하고, 어떤 작업은 아무도 맡아서 처리하지 않아 심각한 문제가 발생하기도 한다. 그래서 '누가 무엇을 하는가'와 '얼마나 걸리는가'를 논의하는 과정은 매우 중요하다.

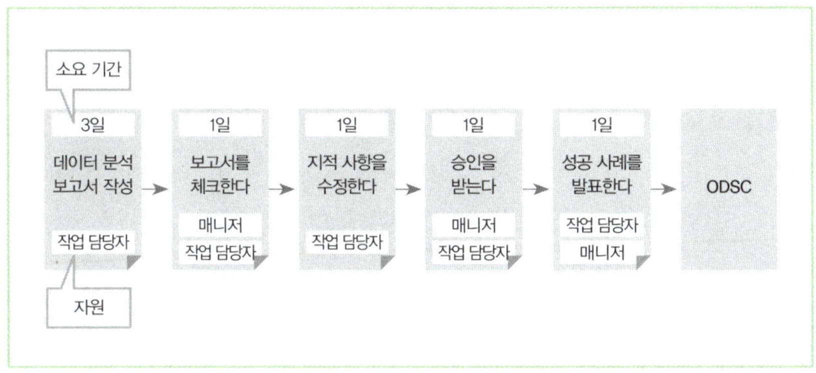

단순하게 다음과 같이 계속 물어본다

"이 작업을 시작하기 바로 직전에 완료해야 할 작업들은 무엇인가?"

"정말로 그것들 뿐인가?"

"만약 A를 한다면, B를 할 수 있다."

이 세 가지 질문은 당신이 목표를 확실히 달성할 수 있도록 필요조건 논리와 충분조건 논리를 이용해 면밀히 설계한 것이다. 네트워크가 논리적으로 목표들을 달성할 수 있는지 알아보기 위해 모든 프로젝트 멤버들과 함께 체크해보라. 이 작업은 매우 중요하다. 모두가 이에 동의하면 논리적 단계로 이뤄진 목표들을 달성하기 위한 로드맵이 완성된다.

목표들이 매우 과감하긴 하다. 하지만 모든 멤버들은(버퍼가 팀워크의 원천이 되므로) 프로젝트를 성공시킬 수 있는 논리적 방법이 존재한다고 확신하기 때문에 의욕이 커질 것이다.

미국의 심리학자 데이비드 맥클리랜드(David C. McClelland)에 따르면 사람들은 다음과 같은 경우 크게 동기 부여된다고 한다.

1. 성공이(운이 아니라) 개인의 노력과 능력에 달린 상황
2. 도전 또는 위험 수준이 중간 정도인 상황(성공과 실패의 주관적 확률이 50/50%인 경우)
3. 모든 노력을 기울인 후에 목표를 달성했는지 못했는지 명백한 피드백이 있는 상황
4. 혁신적인 해결책이 요구되는 상황
5. 당신이 미래를 긍정적으로 예측하여 계획을 수립하도록 요구받는 상황

당신의 생각과 비슷한가? 사실 이것을 실천하고 있는 사람 대부분은 여기에 공감하고 있다.

이를 프로젝트에 직접 적용해보면 자원의 배정이 매우 중요하다는 것을 알게 된다. 각 작업을 누가 할 것인가에 따라 소요 기간이 대폭 바뀐다. 담당 엔지니어에게만 맡기면 장기간 걸리지만, 고위 경영자를 한 사람 포함시키는 것만으로 그의 한 마디 때문에 소요 기간이 크게 단축되는 일이 많다. 그뿐 아니라 담당 엔지니어 혼자서 이렇게 많은 일을 담당하고 있

었는지 재발견하는 경우도 있다. 또 어떤 일은 당연하다고 생각해왔던 것이 옳지 않고 다른 사람이 하도록 했더라면 더 좋았을 것이라고 판명되기도 한다.

그리고 모든 사람들이 ODSC와 버퍼를 이해하여 공통 목표와 책임감을 공유하기 때문에 "이 작업은 우리가 하겠다!"라고 스스로 손을 드는 경우도 있다. 또한 작업 내용이 더 명확해지기 때문에 고위 경영자도 어떻게 지원을 하면 프로젝트가 성공할 확률이 높아질지 이해하게 된다. 이로써 성공에 이르는 시나리오가 완성된다.

큰 소리로 읽는다

모든 작업을 앞에서부터 체크할 때 큰 소리로 읽는 것이 매우 중요하다. 앞의 시나리오는 다음과 같이 읽을 수 있다.

"작업 담당자가 3일 동안 데이터를 분석하고 보고서를 작성한다면, 매니저와 작업 담당자가 1일 동안 보고서를 체크할 수 있다."

"매니저와 작업 담당자가 1일 동안 보고서를 체크한다면, 작업 담당자가 1일 동안 보고서를 수정할 수 있다."

"작업 담당자가 1일 동안 보고서를 수정한다면, 매니저와 작업 담당자가 1일 동안 승인을 받을 수 있다."

"매니저와 작업 담당자가 1일 동안 승인을 받는다면, 매니저와 작업 담당자가 성공 사례를 발표할 수 있다. 그리고 프로젝트의 목표인 ODSC를 성취할 수 있다."

큰 소리로 읽음으로써 모든 멤버들은 성공 스토리를 눈으로 그릴 수 있다. 또한 시나리오와 ODSC의 성취 가능성을 확인함으로써 모든 팀원들의 사기는 더 올라간다. 이 시나리오를 따른다면 성공에 이를 수 있다는 확신이 생기기 때문이다.

2 안전 여유를 공유하라

우선 납기를 확인한다

가장 긴 작업 체인이 프로젝트 소요 기간에 대한 '제약'이다. 전체적인 관점에서 소요 기간을 줄이려면 이 체인에 집중해야 한다.

그러나 현실에서는 보통 프로젝트 시작 전에 납기가 정해진다. 또 이렇게 책정된 납기를 맞추기가 거의 불가능할 때도 많다. 현실적인 납기와 예산을 당신이 직접 낼 수 있는 기회도 드물다. 대부분 '납기는 이렇다!'와 '예산은 이렇다!'라고 통보를 받는다. 경쟁이 심할수록, 그리고 프로젝트가 더 중요할수록 납기와 예산은 어떤 알 수 없는 정치적인 이유로 정해질 가능성이 더 크다. 따라서 프로젝트를 관리할 때 일반적으로 당신은 고정된 납기(또는 원하는 것보다 더 짧은 납기)와 예산(또는 원하는 것보다 더 적은 예산)을 만나게 될 것이다.

개별적 안전 여유를 제거하고 공유할 여유를 만들라

일반적으로 안전 여유를 제거할 수 있는 방법에는 3가지가 있다. 하나는 단칼에 자르는 것이다. 사람들은 책임감이 있기 때문에 작업에는 늘 안전 여유가 있다. 그것을 줄이기 위해 작업 소요 기간을 반으로 싹둑 자르는 것이다. 이는 작업에서 안전 여유를 제거할 수 있는 방법 중 하나다. 그러나 이것은 현실적으로 매우 어렵다.[29]

또 다른 방법은 대화를 통해서다. 각 작업에 대해 논의를 함으로써 당신은 추정 소요 시간이 실제 50/50, 즉 '과감하지만 실현 가능한' 값인지 검토할 수 있다. 당신은 작업마다 그냥 "이것이 50/50인가?"라고 계속해서 물어본다. 그러면서 작업 소요 기간을 어떻게 줄일 수 있는지 조언한다. 이는 안전 여유를 제거하는 훌륭하고도 효과적인 방법이다. 그러나 때로 그 과정이 지루하게 느껴질 수 있다.

가장 권하고 싶은 방법은 다음과 같이 팀 토론을 통해 공동 여유를 만드는 것이다.

공동 여유를 생성하는 과정

1단계 | 작업 네트워크를 뒤에서부터 작업해서 만든다. 그리고 팀이 원하는 기간을 소요 기간으로 정한다. 50/50 소요 기간을 논의할 필요는 없다. 대

---

29 만약 당신이 이렇게 작업 소요 기간을 뺏긴다면 어떤 기분이겠는가? 아마도 다음부터 안전 여유 시간을 곱절로 두려 할 것이다. 당신의 상사가 그것을 반으로 자를 테니까.

신 모든 멤버들에게 자신이 적당한 안전감을 느낄 수 있는 소요 기간을 입력하라고 권한다.

2단계 | 작업 네트워크를 간트 차트(Gantt chart)로 변환한다.

3단계 | 크리티컬 체인을 찾은 후 크리티컬 체인 소요 기간의 50%를 구해 프로젝트 버퍼를 만든다. 그리고 프로젝트 네트워크에 프로젝트 버퍼를 집어넣는다. 공급 체인(Feeding Chain)에 대해서도 마찬가지로 한다. 그다음 프로젝트의 종료일이 프로젝트의 실제 납기를 만족시키는지 확인한다. 보통 '이런! 납기를 만족하지 못하네!'란 말을 들을 것이다. 당연하다. 각 작업은 개별적 안전 여유 시간을 포함하고 있는데 개별적 안전 여유가 충분히 줄여지지 않은 상태에서 버퍼들이 그 위에 추가됐기 때문이다.

4단계 | 크리티컬 체인상의 가장 긴 작업들을 검토한다.

5단계 | 이러한 작업들을 가장 긴 것부터 시작해서 어떻게 하면 하나씩 소요 기간을 줄일지 논의한다(이런 논의는 간트 차트가 아니라 작업 네트워크에서 하는 것이 더 좋다). 각 작업을 하나씩 검토하면서 소요 기간을 줄이기보다는 작업들을 잘게 나누고, 작업들을 합치고, 동시 진행할 수 있는 작업들을 검토하고, 작업 순서의 변경을 검토하는 것이 소요 기간을 줄이는 데 효과적이다(아래에서 이에 대해 설명할 것이다). 작업 네트워크는 전체적인 조망을 할 수 있도록 해주기 때문에 당신은 직관적으로 전체를 이해하고 모든 팀원들과 함께 전체적 관점에서 소요 기간을 효과적으로 줄일 수 있다.

당신이 원하는 크기의 버퍼까지 포함해 전체 프로젝트 소요 기간이 납기를 만족시킬 때까지 2단계에서 5단계를 반복한다. 공통 목표가 ODSC에

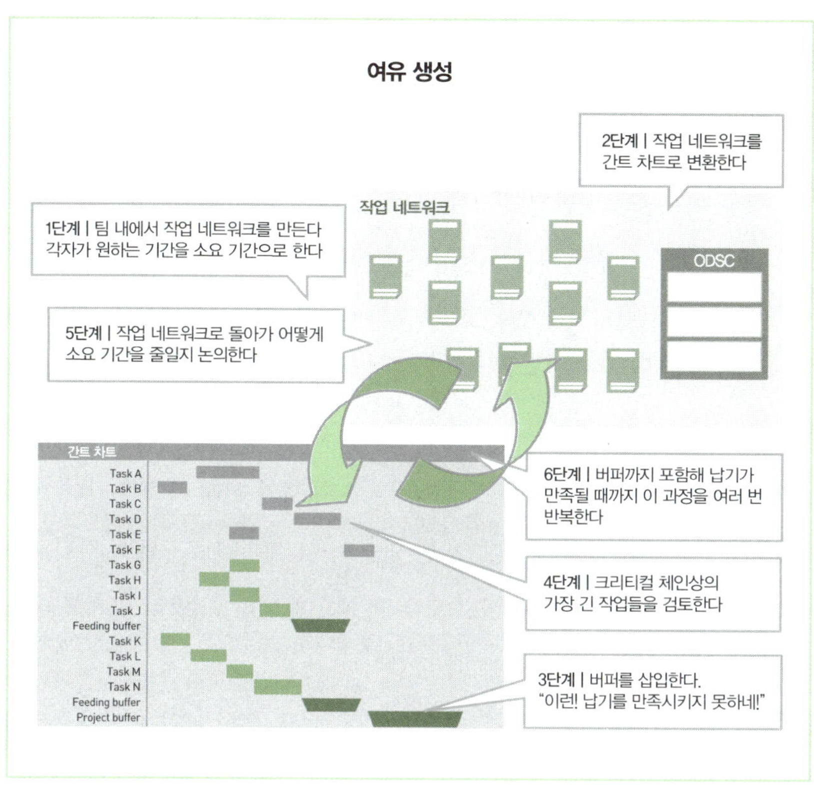

포함돼 있기 때문에 당신은 다른 사람들의 지원(특별히 고위 경영자의 지원)을 받기가 훨씬 쉬워질 것이다. 작업에서 개별적 안전 여유 시간을 줄여보겠다고 작업 하나하나를 논의하는 것은 꽤 어려운 직업이다. 이에 반해 공동 여유 생성 과정은 팀 내 논의를 활성화하기 때문에 재미있을 것이다.

모든 사람들이 마치 하나의 단결된 팀처럼 의견을 교환하면서 매우 열심히 일하는 모습을 보일 것이다. 불확실성은 프로젝트의 본성이기 때문에 모든 사람들은 가능한 한 많은 버퍼를 갖고 싶어한다. 많은 버퍼를 갖겠다는 생각으로 모든 사람들은 크리티컬 체인상의 각 작업에 대해 열심히 논의한다. 그런데 이런 논의를 하고 나면 사람들의 관심이 '어떻게 작업에서 개별적 안전 여유 시간을 제거할 것인가'에서, '어떻게 팀워크를 발휘해 공동 여유를 만들 것인가'로 바뀐다. 이는 개별적 안전 여유 시간을 제거할 것인가, 공동 여유를 생성할 것인가에 대한 논의다. 물론 두 가지 다 본질적으로는 동일하지만 공동 여유를 생성하는 쪽이 훨씬 긍정적으로 들린다.

응집력 있는 팀워크를 만들고 다른 부서와 고위 경영자의 모든 지원을 얻어냄으로써 프로젝트 멤버들은 사기가 올라간다. 전사적으로 신뢰와 평화가 퍼진다. 즉, 화(和)가 이뤄진다.

사실 공동 여유 생성 과정 중에 멤버들은 현재와 미래 사이를 왔다 갔다 하는 듯한 느낌을 받을 것이다. 또한 단순히 이 계획대로 팀에서 노력하면 이 같은 결과가 나타날 것이라고 모두 확신하게 된다. 정말로 미래를 바꿀 수 있다고 느끼기 때문에 이는 매우 강력하다!

개인적으로 위태로웠던 프로젝트가 공동 여유 생성 과정을 거침으로써 그 미래가 밝게 변했던 것을 많이 봤다. 여러분도 공동 여유 생성 과정을 한번 시도해보고 화(和)의 아름다움을 맛보기 바란다.

소요 기간을 단축시킬 때 실용적으로
고려해야 할 몇 가지 사항

사람들은 각 작업에서 안전 여유 시간을 제거해야 한다는 것은 이해한다. 하지만 책임감 때문에 안전 여유를 갖고 싶어한다. 제약을 철저히 활용하려면 크리티컬 체인의 각 작업 하나하나에 여유가 숨어 있는 건 아닌지 확인해야 한다. 크리티컬 체인상에서 시간상 길이가 긴 것부터 차례로 검토하는 게 좋다. 여기에 몇 가지 접근 방법을 소개한다.

작업 시간 자체를 단축한다

우선 작업 소요 시간이 왜 긴지 논의한다. 작업이 '무엇을 …한다.'같이 '명사 & 현재 시제 동사 형식'으로 이해하기 쉽게 '보통 말'로 표현돼 있기 때문에 주위 사람들이 논의에 참여하기도 지원하기도 쉽다.

큰 소리로 읽어 각 작업이 그다음 작업(들)을 하는 데 필요한지 확인한다. 사람들은 가끔 꼭 필요하지 않은 요소들을 완벽하게 하려고 과잉 작업을 하는 경향이 있다. 공유되는 안전 여유가 버퍼로서 뒤에 추가돼 모든 사람들을 보호하는 데 사용된다는 점을 모두 숙지하도록 힘쓴다. 그러면 각 작업에 있는 안전 여유 또한 프로젝트 멤버들 사이에 공유돼 팀워크의 원천이 될 것이다.

또 어떤 작업들은 다른 것보다 지나치게 긴 경우가 있다. 이런 것들은 종종 다른 부서나 조직과 연계돼 있다. 이런 작업들은 프로젝트 멤버들의 통제 영역 밖에 있다고 보이기 때문에 안전 여유를 크게 잡아두는 경향이 있다. 그래서 크리티컬 체인의 기간이 다른 조직의 작업들에 추가된 안전 여유 때문에 길어지기도 한다. 이런 부분을 논의 과정에서부터 포함하는 게 좋다. 앞에서와 같은 작업들이 소요 기간의 대부분을 차지하고 있다는 것을 알게 되면 사람들은 이 상황을 어떻게 극복할 수 있는지에 대한 논의에 적극적으로 참여하게 된다. 프로젝트 작업들은 이해하기 쉽게 기술돼 있기 때문에 그들을 참여시키는 데 별 어려움이 없다.

다시 강조하면 고위 경영자를 논의에 포함시키는 게 좋다. ODSC에 쓰인 목표를 보고 고위 경영자들은 자연히 프로젝트 멤버들을 지원하려는 의욕이 생길 것이기 때문이다.[30]

엉덩이에 불 지피기

이 벌레는 프로젝트 마감일이 거의 다가올 때까지 절대 일을 하지 않는다. 프로젝트 마감일이 다가오면 이 벌레의 행동이 급변해 납기를 지키고자 밤낮으로 일한다. 때때로 이 벌레는 스스로를 '마감일의 마술사'라고 자랑스레 부르는 것을 즐긴다.

작업을 잘게 나눈다

지나치게 긴 작업은 쪼개서 생각하는 것이 좋다. 프로젝트에 불확실성은 있게 마련이다. 작업이 길수록 불확실성은 커진다. 작업을 쪼갬으로써 더 정확한 추정을 할 수 있고 '준비 계획'을 훨씬 잘할 수 있다. 작업을 쪼개면 소요 기간은 여러 가지 측면에서 단축된다. 짧은 작업들이 여러 개 있을 때 종종 몇 개는 동시에 진행할 수 있다. 작업의 어떤 부분은 미리 준비할 수도 있다. 또한 다른 조직에 사전 통보를 함으로써 그쪽의 협력을 얻어낼 수도 있다. 이렇게 여러 가지 방법을 검토해 작업 네트워크에 반영한다.

---

30 한때 프로젝트 멤버들이 "우리는 더 많은 시간과 돈이 필요해요!"라고 불평하는 것을 아주 싫어했다. 그러나 지금은 나서서 그들을 돕고 있다. ODSC에 쓰인 프로젝트 목표들이 너무 매력적이어서 그들을 지원하지 않을 수 없기 때문이다. 사실 지금은 프로젝트 멤버들이 내게 다가와 "이것을 해주셔야 우리가 이 과감한 목표를 정말로 달성할 수 있습니다."라고 이야기한다. 이런 말을 들을 때마다 그들을 적극 도와야겠다는 의욕이 생긴다. 이 프로젝트를 성공적으로 완수하려면 무엇을 해야 하는지 분명해졌기 때문이다.

작업들을 합친다

때로 두 개 이상의 작업을 하나로 통합하는 것도 좋은 방법이다. 다중 작업은 좋지 않지만 어떤 작업들은 하나로 통합하는 쪽이 시너지 효과를 낼수 있다. 이는 다중 작업이 아니다. 본래 하나의 작업이어야만 했던 것이 어떠한 경위나 조직의 문제, 또는 종래 관행 때문에 여러 작업들로 나누어졌을 것이다. 이것들을 하나로 통합할 수 있는지 검토한다.

작업 순서를 검토한다

크리티컬 체인상의 작업 순서를 바꿔서 기간을 단축할 수 있는지 검토해본다. 의외로 개별 작업 기간을 단축하기보다는 작업 순서를 바꾸어줌으로써 커다란 효과를 볼 수 있는 경우가 많다. 작업 순서를 검토하는 논의 중에 프로젝트 멤버들은 순서가 잘못되면 나중에 수정하느라 시간이 더 많이 걸린다는 것을 이해하게 된다. 작업의 순서 즉, 준비 계획이 중요하다는 것을 팀원들이 이해하게 된다. 즉, '준비가 8할'임을 실감한다.

프로젝트는 전에 해보지 않았던 작업들의 체인이다. 앞서 논의는 프로젝트 멤버들 사이에 아이디어, 전략, 전술을 교환하는 데 도움이 된다. 프로젝트 멤버들은 좋은 '준비 계획'을 통해 작업을 수행하는 데 더 편안함을 느낀다. 이런 논의는 '프로젝트 계획 작업'이라고 부르기보다는 '프로젝트 설계의 기초'라고 부르는 것이 더 맞는 것 같다.

프로젝트 수행 중 팀워크가 중요하다고 강조하는 걸 몇 번이나 들어봤는가? 모든 사람들이 프로젝트의 중요성을 안다면 팀워크를 통해 프로젝트 계획을 세우는 것이 프로젝트 리더 단독으로 하는 것보다 훨씬 낫다.

나무를 보고 숲을 보지 못하는 실수를 피한다.

적정한 작업 개수는 얼마인가? 모든 것이 맞는지 확실히 하려면 프로젝트를 전체적 관점에서 바라보는 것이 매우 중요하다. 때로는 작업 개수가 많아져버릴 수 있다. 이 같은 상황은 프로젝트 팀만 모여서 작업의 세부적인 사양(specification)에 너무 빠져버렸을 때 많이 일어난다. 이런 경우에는 프로젝트의 목적을 다시 체크해보기 바란다. 프로젝트 관리의 목적이 팀이 노력해서 프로젝트 목적을 질 좋게 달성하는 것이라면 그 답은 자명하다.

- 다른 프로젝트 멤버들과 고위 경영자의 협조를 받으려면 각 작업을 다른 사람들도 이해하기 쉽게 기술해야 한다.
- 프로젝트 멤버들 간에 '준비 계획'을 잘 세우기 위한 아이디어를 교환하려면 작업들의 범위를 가능한 한 넓게 정의해야 한다. 이때 크리티컬 체인상의 작업들에 관련된 사람들 모두 참여해 공동 여유를 생성하도록 한다.
- 팀 내에 전체적 시각을 갖도록 하려면 작업 개수를 최소화해야 한다.
- 모든 사람들이 각 작업에서 질 좋은 성과를 내려면 다중 작업을 피해야 한다.

사람은 사람이다. 사람이 한 시간마다 다른 일을 한다면 잘할 수 있을까? 30분이라면 어떤가? 15분이라면? 당연히 작업의 질은 떨어진다. 15분마다 다른 일을 한다면 당신은 그것을 무엇이라 부르는가? 그것을 '다중 작업'이라고 부르는가?

때로 사람들은 아주 세세한 것까지 하나도 놓치지 않으려고 한다. 이는 바른 자세이기는 하다. 그러나 세세한 것 모두를 프로젝트 네트워크에 올릴 필요는 없다. 세세한 것은 체크 리스트로 다루면 된다. 사실 공동 여유 생성 논의를 할 때 작업 소요 기간을 각 개인별 과제 수준에 맞춰 논의하는 것이 좋다. 그러면 작업 소요 기간 단축에 대해 논의하기가 쉽다.

프로젝트를 수행하는 주체는 사람이다. 이는 상식이다. 이 점을 기억한다면 일을 높은 품질로, 효과적이고 효율적으로 진행할 수 있도록 작업 소요 기간을 각 개인별 과제 크기에 맞춰 설정하는 것이 상식에 맞다.

혁신 R&D는 반복이 필요하다

연구개발(R&D, Research and Development)과 같이 혁신이 필요한 프로젝트는 여러 가지 시행착오를 피할 수 없다. 이런 경우에는 '준비가 8할' 논의가 매우 효과적이고 실용적이다.

프로젝트는 기간이 제한돼 있기 마련이다. 우선 프로젝트 목표와 관련해서 ODSC를 작성한다. 그러면 프로젝트 멤버들은 프로젝트를 성공시키기 위해 납기는 반드시 맞춰야 한다는 점을 분명히 인식한다. 그리고 프로젝트에서 시행착오가 무제한 반복될 수 없다는 점도 분명해진다. 프로젝트는 본질적으로 소요 기간이 정해지므로 납기까지 시행착오 횟수가 제한될 수밖에 없다. 시행착오가 필요한 프로젝트의 네트워크를 만들 때는 시행착오 횟수가 몇 번이나 허용되는지 명확하게 한다.

예를 들어보자. 아래 그림은 시행착오 반복을 필요로 하는 신규 개발 프로젝트의 초기 단계를 보여준다. 실험을 하는 데 최소한 20일이 걸리고, 그 결과를 확인하는 데 추가로 10일이 걸린다. 회사 방침으로 120일 내에 이 상품을 개발해야 한다고 하자. 20일간의 계획과 2회의 시행착오에 해당하는 실험을 하려면 80일이 걸린다. 3회 실험을 하면 다시 실험에 20일, 그리고 실험 결과를 다시 검토하는 데 10일, 합계 30일이 더 걸린다. 즉, 80일+30일=110일이 걸린다.

불확실성이 없다면 좋겠지만 개발에는 불확실성이 높다. 따라서 이 110일에 최소한 50%의 버퍼를 둬야 한다고 하자. 110일의 작업 소요 기간에 55일을 더하면 165일이다. 이는 이미 회사의 납기 120일을 초과한 것이다. 따라서 계획을 재검토해야 한다. 납기 120일을 지키면서 50%의 버퍼를 유지하려면 2회의 반복 실험으로 완료해야 한다. 즉, 이 계획에서는 80일+40일(버퍼)을 소모해야 한다.

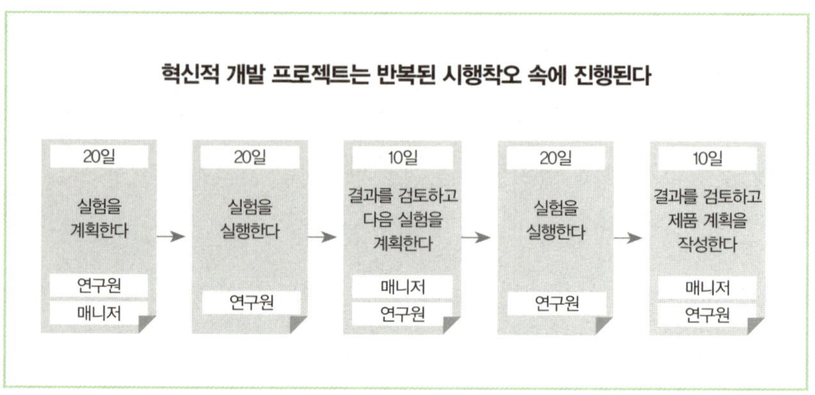

여기에서 모든 프로젝트 관계자가 동일하게 다음 사항에 대해 이해하는 것이 매우 중요하다.

- 회사가 요구하는 납기는 프로젝트를 성공시키려면 2회의 실험으로 성과를 내지 않으면 안 된다는 것을 의미한다는 점을 프로젝트 멤버 모두가 확인한다.
- 2회 실험으로 성과를 내려면 모두 열심히 일해야 한다.
- 만약 늦어진다 해도 40일의 버퍼가 그들로 하여금 한 번 더 실험할 수 있도록 할 것이다.
- 실행 단계에서 제1회 실험은 훨씬 더 정확하게 준비해야 한다. 제1회 실험이 단지 두 번의 실험으로 전체 작업을 끝내는 열쇠가 된다. 제2

회 실험은 제품 계획을 잘 만들려고 소소한 것들을 확인하는 미세 조정 과정이기 때문이다. 제2회 실험은 제1회 실험의 반복이 아니라 별도의 의미와 목적이 있다.

- 준비를 잘한다고 해도 2회 실험으로 충분치 않은 경우가 있다. 이때는 제3회 실험이 필요하다. 이를 위해 버퍼를 둔 것이다.

- 물론 제3회 실험도 실패할 수 있다. 이런 경우라도 버퍼 소진량은 총 프로젝트 버퍼의 일부에 지나지 않을 수 있다.

- 최악의 경우 몇 번 실험해도 결과가 나오지 않을 수 있다. 이 경우에는 프로젝트의 초기 단계에서 반복된 시행착오에 의해 버퍼가 대량으로 소비되고 있다는 것이 버퍼의 빨간불 신호로써 프로젝트 멤버나 매니저뿐 아니라 고위 경영자에게도 공유된다. 늦어지기 전에 회사의 전체 문제로서 대책이 논의되고 실행되도록 한다.

ODSC에는 공통 목표가 있다. 이는 고위 경영자나 관련 조직들과 공유되기 때문에 서로에 대한 지원을 촉진하여 연구개발자와 고위 경영자 사이의 신뢰와 기업의 경쟁력을 대폭 키운다.[31]

이것은 혁신적인 연구개발을 진행하는 데 가장 실용적인 방법이다. CCPM만이 유일하게 프로젝트 안의 불확실성에 대처하고자 그 안에 버퍼를 갖고

---

31 사실 일본에서는 특히 경쟁이 아주 치열하고 제품 수명 주기가 짧은 시장에서 CCPM이 연구개발 부문에 가장 활발히 적용되고 있다. 한 고위 경영자는 내게 다음과 같이 말했다. "신제품 개발 프로젝트를 관리하는 것보다 중요한 일은 없습니다. 그것이 경영 자체니까요. 경쟁 업체들보다 제품이나 기술을 훨씬 먼저 개발하면 제품을 더 높은 가격에 판매하고 시장 점유율과 이익을 늘릴 수 있습니다. 그러면 주가가 올라가 회사의 재정 기반이 탄탄해지고 장기적으로 경쟁력이 높아집니다. 이보다 더 중요한 건 없습니다."

있기 때문이다. 불확실성이 증가할수록 버퍼의 효과는 더 커진다. 이는 상식이다. 그러니 프로젝트가 더 불확실할수록 CCPM은 더 효과적이다.

**프로젝트 멤버들을 보호하기 위해
개별적 안전 여유 시간을 제거하라.**

CCPM을 통해 고위 경영자는 '과감하지만 실현 가능한' 작업 소요 시간의 개념을 이해하게 된다. 또한 프로젝트 멤버들은 개별적인 안전 여유 시간이 없는 작업들을 수행한다. 이들은 또한 ODSC에 쓰인 대로 프로젝트의 중요성을 알고 있다. 따라서 추가 작업을 배정할 때 주저하거나 적어도 심사숙고할 것이다. 추가 작업을 배정하면 버퍼 소모에 직접적으로 영향을 줄 것임을 알기 때문이다. 각 작업에서 개별적 안전 여유 시간을 제거하는 것은 결국 중단 없이 작업에 집중할 수 있는 좋은 작업 환경을 제공한다. 그뿐만 아니라 모든 프로젝트 멤버들이 작업 범위를 늘리는 것을 막아준다.
당신은 혹시 CCPM이 시행되면 프로젝트에 대한 변경과 추가 요청 면에서 너무 융통성이 없지 않을까 걱정할지 모르겠다. 그러나 전혀 그렇지 않다! 사실 논리적 융통성은 더 커진다. 버퍼가 있기 때문에 당신이 변경이나 추가 요청을 수용할지를 전체적인 경영자의 관점에서 판단하기가 더 수월해진다는 점을 기억하기 바란다.

프로젝트 수행 중 염려 사항/위험 요소

프로젝트 수행 중 잠재적인 염려 사항과 위험 요소를 논의하는 것은 매우 중요하다.

"이 작업을 완료하는 데 예상되는 문제들은 무엇인가?"

프로젝트 멤버들에게 이같이 질문함으로써 염려 사항과 위험 요소들을 정리하고 이에 대한 대처 방안을 논의한다. 그러면 대처 행동들을 프로젝트 네트워크에 작업으로 포함시킬 수 있다. 어떤 행동들은 너무 높은 차원의 경영 문제와 관련이 있기 때문에 프로젝트 멤버들이 직접 다룰 수 없는 것도 있다. 이런 것들은 고위 경영자에게 요청하도록 한다.

'준비가 8할' 프로젝트 계획의 참 의미

프로젝트 계획을 다시 한번 보기 바란다. 지금까지의 논의를 통해서 (작업을 누락시킬 가능성은 최소화하면서) 꼭 필요한 작업들을 찾아내 배치함으로써 목표 달성을 위한 프로젝트 멤버들의 의사가 일치되었다. 모든 멤버

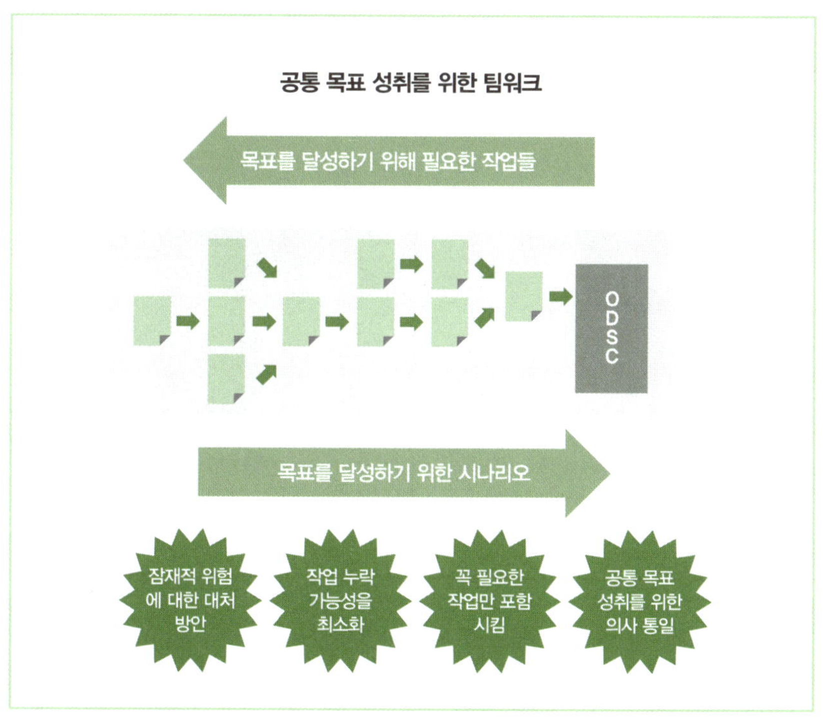

들이 위험 요소를 찾아내 이를 극복할 수 있는 대응책을 마련하고, 고위 경영자에게 지원을 요청할 사항을 찾아내는 데 다 함께 참여하기 때문이다. 이보다 더 좋은 점이 있다. 바로 ODSC에 기술된 공통 목표를 달성하기 위해 팀워크로 활동한다는 것을 프로젝트에 관련된 모든 사람들이 다 같이 확인한다는 것이다.

'준비가 8할' 프로젝트 계획은 회사의 자산이 된다

'준비가 8할' 논의를 통해 얻어진 프로젝트 계획은 이제 회사의 중요한 자산이 되었다. 공동 노력을 통해 회사의 지혜를 다 담았기 때문이다. 또한 다음 프로젝트에도 그 일부를 재사용할 수 있는 경우가 많다. 실제로 이는 조직 전체에 존재하고 있는 모든 암묵적 지식을 모두 눈에 보이게 함으로써 프로젝트 관리를 더 잘할 수 있게 한다. 다시 말해 이 '준비가 8할' 프로젝트 계획은 사용할 때마다 발전하는 조직의 승리 공식이자 표준이라고 할 수 있다.

회사의 자산이 더욱 충실해진다

크리티컬 체인을 도입한 기업들은 한결같이 말한다.

"프로젝트 멤버들이 개인적으로 발전한 것이 무엇보다도 기쁩니다."

그렇다. 당연한 말이지만 가장 중요한 회사의 자산은 사람이다. "회사는 인간이 발명한 인격"이란 말이 있다. 그러나 회사의 인격을 보여줘야 하는 재무제표에는 '사람'이 거의 나타나 있지 않다. 극단적으로 말해 회사에서 사람이 모두 없어지면 그 회사의 기업 활동은 멈출 수밖에 없다.

여러 번 언급했지만 크리티컬 체인이 도입되면 자연스럽게 인재가 육성된다. CCPM은 사람 관리에 초점을 맞추기 때문이다.[32] 조직 전체에 신뢰 관계와 의욕을 확산하고, 조직의 오랜 경험에서 나온 숨어 있던 지식을 면밀한 의사소통을 통해 젊은 사원들에게 전수함으로써 사람이 육성된다. 결국 사람이라는, 회사의 가장 중요한 자산이 더욱 충실해진다.[33] 이것이 CCPM

조직 전체를 관통하는 '화(和)-팀워크'

'준비가 8할' 프로젝트 계획을 통해 우리는 귀한 것을 얻을 수 있다. 바로 조직 전체를 관통하는 '화(和)-팀워크'를 생성할 수 있다. 프로젝트 멤버 대부분은 전혀 게으르지 않다. 사실 그들은 매우 열심히 일한다. 프로젝트를 성공시키고자 밤늦게까지 근무하기도 한다.

크리티컬 체인에 집중해서 공동 여유 생성에 관한 논의를 하면 모든 사람들이 하나의 팀으로서 프로젝트의 목적을 달성하려고 함께 일하는 분위기가 생겨난다. 소요 기간이 큰 작업 중에는 프로젝트 멤버들 손에서 다 처리되지 못하고 고객의 승인을 얻어야 하거나 공급업체로부터 자재를 조달받아야 하는 등 다른 조직이 관여하는 작업도 있다. 그래서 프로젝트 멤버들은 자연스럽게 외부 지원 없이는 좋은 결과를 낼 수 없다는 인식을 갖게 된다. 고위 경영자도 조직 간의 팀워크를 높이기 위해 구체적으로 무엇을 어떻게 지원하면 좋을지 이해하게 된다.

나는 수백 군데에서 진행하는 프로젝트에 CCPM을 적용했는데 "재미있다!"와 "행복하다!"가 모두의 공통된 소감이었다. 이는 사람들이 팀워크, 신뢰, 평화 가운데서 일할 때 재미와 행복을 느끼기 때문이라고 생각된다. 이것을 우리는 '화(和)'라고 부른다.

---

32 일본공업대학의 오하라 교수는 P2M(Project & Program Management for Enterprise Innovation) 개발자로 유명한데 CCPM을 '인간 중심 프로젝트 관리'라고 했다.

33 산업의학 전문의인 내 친구는 "당신 책은 정신 건강 처방책이다."라고 말했다. 많은 사람들이 CCPM을 통해 재미와 행복을 느끼고 의욕적으로 일하고 있으니 그의 말이 맞는 것 같다. 언젠가 이 부분에 대해 과학적 연구를 해보고 싶다.

에서 얻을 수 있는 가장 극적인 효과다.

CCPM이 통하겠는가?

앞서 논의한 바 있는 프로젝트의 문제점들을 다시 한번 보기 바란다.

– 프로젝트에 배정된 예산, 자원, 시간이 충분하지 않다.

– 고객이나 경영진의 의사 결정이 늦다.

– 정보가 제때 공유되지 않고 있다.

– 공급업자의 납품이 지연된다.

– 프로젝트 범위가 변하고 커진다.

– 경영진이나 다른 프로젝트 관계자들이 제때 도와주지 않는다.

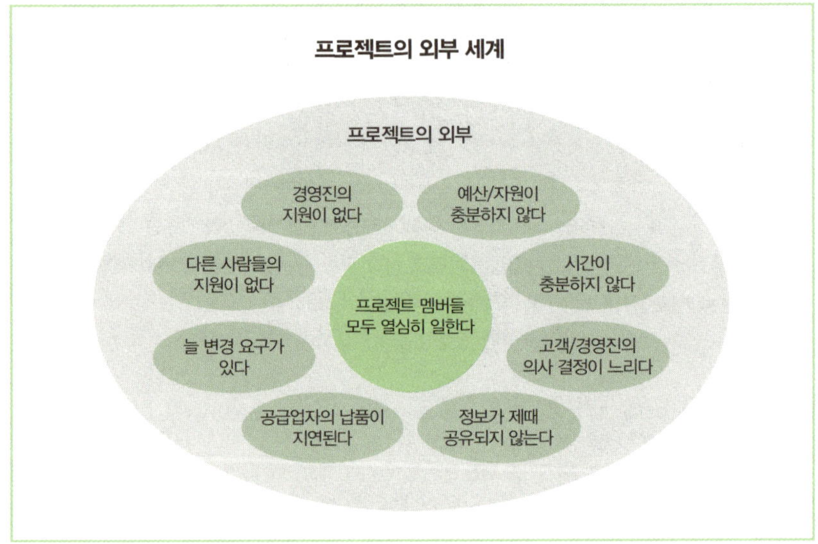

이 항목들을 잘 살펴보기 바란다. 대부분의 항목은 프로젝트 멤버 내부의 문제가 아니다. 오히려 프로젝트 멤버 외부에서 기인한다. 실제로 프로젝트가 실패하면 변명으로 드는 것들 대부분이 위에 제시돼 있다. 프로젝트 멤버들은 열심히 일하고 있다. 그런데 왜 실패할까? 주위의 지원을 받지 못했기 때문이다.

강조하건대 프로젝트를 성공으로 이끌려면 반드시 외부의 지원을 받아야 한다. 지금까지 설명한 방법에 따라 프로젝트 멤버들은 주위의 지원을 받고, 커다란 기대를 끌어들이면서 프로젝트를 성공시키기 위한 틀을 구축할 수 있다.

여러분은 이제 CCPM은 해볼 만한 가치가 있다고 느낄 것이다. 줄곧 언급했지만 지금까지 논의한 아이디어들은 전혀 새로운 것이 아니다. 모두 상식이다. 여러분도 경험 많은 상사가 다른 사람들에게 다음과 같은 조언을 하는 것을 들어본 적이 분명 있을 것이다.

"다음과 같이 하길 바라네."

- 모든 멤버들 간에 공통 목표를 확실히 공유해라.
- 프로젝트를 성공시킬 수 있는 방법을 논의할 때 서로 의견을 나누고 모든 사람들을 포함시켜라.
- 낭비 없이 필요한 작업만 포함시켜서 준비 계획을 잘 짜라.
- 도전 정신을 가져라.
- 필요할 때 서로 팀워크로 도와라.
- 너무 늦기 전에 조치를 취해라.

– 모든 멤버들이 강한 책임감을 공유하고 프로젝트를 진행해라.

이는 전혀 새로운 게 아니다. 상식일 뿐이다. CCPM은 단지 이러한 사항이 상식적으로 실행될 수 있도록 하는 것이다. CCPM에 대해 연구하면 할수록 왜 CCPM이 아직도 프로젝트 관리의 표준이 되지 못했는지 궁금해졌다. CCPM은 너무나 상식적인데 말이다. 그러나 상식은 인간 역사를 통틀어 오랜 기간 경험이 쌓여 생겼다는 것을 알고는 이에 대해 더는 고민하지 않게 됐다. 당신이 프로젝트가 성공하기를 원한다면 당연히 상식을 따라야 한다.

'준비가 8할'은 처음에는 어렵지만 그다음부터는 쉽다

'준비가 8할'은 처음에는 시간이 걸리지만 해볼 만한 가치가 있다. 다음번 프로젝트에서 이를 대부분 재사용할 수 있다는 것을 느낄 것이다. 각 기업에는 오랜 기간 동안 경험을 통해 개발된 고유의 프로세스, 바로 그 기업만의 베스트 프랙티스가 있다. 이는 몇 번이고 반복되고 수정되면서 발전해간다. 이것이 바로 프로젝트를 성공적으로 관리하는 표준 노하우가 된다.

3 매일 신바람 나는
경영 혁신

지속적 개선

프로젝트를 계획대로 실행하다 보면 반드시 변경되는 것이 생기고 문제가 발생한다. 불확실성은 프로젝트의 본성이기 때문이다. 최악의 경우 모든 사람들이 노력했는데도 프로젝트가 실패할 수 있다. 그러면 실패로부터 배우도록 한다. 실패는 성공의 어머니다. 다음과 같은 질문을 하면 지속적인 개선을 할 수 있는 좋은 기회를 얻을 수 있다.

"기대했던 바가 무엇인가?"

그러면 문제에 대해 더 잘 이해하게 되고 다음번에 유사한 문제가 발생하면 어떻게 다룰지 다음과 같은 형식으로 논의할 수 있다.

- 한 것(what you did)

- 배우게 된 것(what you learned)

- 다음에 할 것(what you do next)

이 세 가지는 단순하고 쉽다. 그러나 이것들은 정말로 강력한 학습 훈련 도구다. 경험이 축적되면서 이 지속적 개선 프로세스는 프로젝트 성공률을 점점 높일 것이다. 한 프로젝트가 성공하면 멤버들은 더 높은 수준의 확신과 신뢰를 갖고 다음 프로젝트로 나아간다. 새로운 공통 목표를 향해서 더 좋아진 팀워크로 다음 프로젝트를 진행한다. 결국 하루하루가 조직 전체에 깔린 신뢰와 평화, 즉 화(和)로 인해 의욕이 넘쳐 결과적으로 우리의 삶을 더 낫고 충만하게 만들어가는 프로젝트라고 할 수 있다.

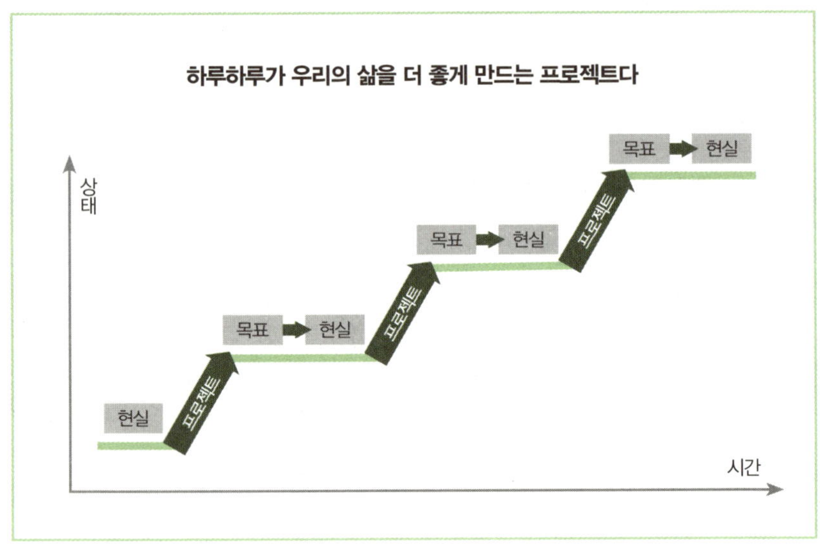

비법 13 — 곤란해지면 ODSC로 돌아간다

프로젝트 수행 도중 곤란한 상황에 처하거나 문제가 발생했을 때는 ODSC로 돌아가는 게 좋다. 사람들은 프로젝트 중 특정 작업에 너무 파묻혀 때로는 전체 목표 차원의 시각을 잃을 때가 있다. 그럴 때 ODSC로 돌아가라. 그러면 최초의 목표가 멤버들에게 다시금 명확해지고, 이 와중에 돌파구가 발견되기도 한다.

실제 프로젝트 진행 도중 심각한 문제를 만났을 때 뛰어나고 경험 있는 프로젝트 매니저들은 처음의 목표로 돌아가서 생각한다고 한다. 그들은 추진하고자 하는 목표를 명확하게 정의하기 위해 우선 직관적으로 프로젝트의 를 목적들(Objectives)을 정리한다. 그리고 무엇을 만들어내야 하는지를 명확하게 정의하기 위해 성과물들(Deliverables)을 정리한다. 또한 프로젝트가 성공하는 데 요구되는 충분조건들을 명확하게 정의하기 위해 성공 기준들(Success Criteria)을 정리한다.

ODSC를 활용하면 또 다른 좋은 게 있다. 프로젝트에서든지 아니든지 상관없이 조직 내에서 문제가 발생하면 ODSC를 작성하는 것만으로도 의외로 문제가 간단히 해결돼버리는 경우가 많다. 조율 논의를 통해 공통 목표가 강조되기 때문이다. 많은 부서와 부서 내 많은 사람들은 각자 다른 책임을 지고 있다. 그래서 각자 열심히 일을 하지만 전체 조직보다는 각 부서의 '부분 최적화'를 하는 일이 많다. 이런 상황에서 뛰어난 리더들은 우선 공통 목표를 명확히 하고 모든 사람들과 함께 논의해서 문제의 돌파구를 찾는다.

ODSC는 익숙해지면 대략 15분이면 작성할 수 있다. 바람과 같이 나타나서 문제를 해결하고, 바람과 함께 사라지는 뛰어난 리더들의 일 처리 요령이 여기에 있는지도 모르겠다.

단일 프로젝트인가 다중 프로젝트인가?

현실은 단일 프로젝트가 아니라 다중 프로젝트다. 이 책에서 지금까지 설명한 방법은 다중 프로젝트에서 훨씬 더 강력한 효과를 발휘한다. 다음 그림은 지금까지 설명한 것을 요약한 것이다.

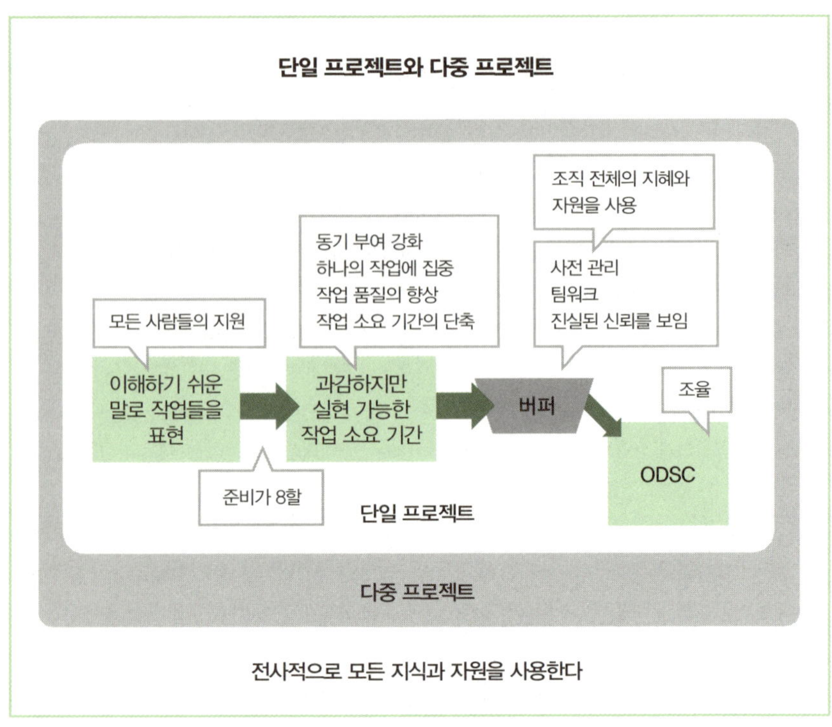

단일 프로젝트에서의 효과는 안쪽 영역에 나타나 있다. 공통 목표를 공유하기 위해 조율 논의를 통해 ODSC를 만든다. 작업을 알기 쉬운 말로 표현함으로써 프로젝트 진행 중 모두가 서로 도울 수 있다. 작업 소요 기간을 '과감하지만 실현 가능한' 도전적인 수준으로 정하는 것은 프로젝트 멤버들에게 강한 동기 부여를 해서 작업 계획을 작성케 하고 베테랑의 지혜를 전수받게 한다.

한 시점에는 하나의 작업에 집중할 수 있게 함으로써 작업의 품질은 높이고 소요 시간은 줄인다. '준비가 8할'을 통해 작업 순서를 주의 깊게 검토함으로써 최선의 준비 계획을 만든다. 버퍼를 통해 조직 전체에 걸쳐 팀워크와 신뢰가 구축됨으로써 사전 관리가 가능해진다.

다중 프로젝트에서의 효과는 훨씬 더 인상적이다. 조직 전체의 지혜와 자원을 사용함으로써 각 프로젝트의 수준이 향상되기 때문이다. 다중 프로젝트에서는 전체적인 관점에서 모든 프로젝트의 우선순위를 정하기 위해 조율 논의를 한다. 조직 전체의 지혜와 자원을 사용함으로써 소요 기간을 줄이는 데 융통성을 더 발휘할 수 있고 작업 품질을 크게 높일 수 있다.

조직 전체의 지혜와 자원을 사용함으로써 당연히 준비 계획은 훨씬 개선된다. 조직 전체에 보이는 버퍼들을 이용하기 때문에 부서 간 협조가 더 쉬워진다. 이 때문에 단일 프로젝트와 비교해 보면 다중 프로젝트 환경에서 효과가 훨씬 더 크다. 이는 두말할 필요가 없다.

이러한 내용은 우리에게 전혀 새로운 게 아니다. 서로 도와주고 다른 사람의 시각에서 생각하는 자세는 일본에서 가장 중요한 덕목으로 여기는 것 중 하나다. 이는 일본에서 사회 규범으로 오랜 기간 지켜져 왔다. 다중 프로젝트 CCPM을 실행하는 것은 경영 방식에서 화(和)라는 일본 문화의 원류로 되돌아가는 것이라고 말할 수 있는 것이다.

힘든 상황일수록 CCPM을 사용한다

힘든 상황일수록 CCPM을 사용하는 것이 좋다. CCPM은 ('준비가 8할'계획 방법에 의해) 후진 일정 계획(backward scheduling) 방식으로 계획되기 때문에 프로젝트가 진행 도중 위태로운 상황에 처하더라도 적용하는 데 전혀 문제가 없다. 우선 조율 논의를 통해 ODSC를 작성해 야심 찬 목표를 함께 공유한다. 그 후 '준비가 8할'의 후진 방식 논의를 해서 모든 프로젝트 멤버들이 "이렇게 힘든 상황에서도 이런 목적을 달성하는 것이 가능하다. 힘들긴 하지만 달성할 수 있다. 왜냐하면 달성할 수 있는 길이 분명히 있기 때문이다."라는 확신을 갖게 한다. 뜻이 있는 곳에 길이 있다. ODSC를 통해 프로젝트 멤버들은 모두가 한뜻을 갖게 되고, '준비가 8할'을 통해 목표를 성취할 수 있는 길을 알게 된다.

오히려 힘든 상황일수록 CCPM은 실행하기가 더 쉽고 또한 효과적이다. 팀워크는 정상적인 상황에서보다 힘든 상황에서 더 쉽게 만들어지기 때문이다. 때때로 단일 프로젝트에 CCPM을 적용한 곳에서도 다중 프로젝트에 적용한 것 같은 효과가 나기도 한다. 상황이 점점 심각해질 때 (마치 녹색 괴물 '헐크'처럼) 팀워크에 의해 만들어지는 괴력이 본래 조직이 갖고 있었던 저력일 수도 있다. CCPM은 실제로 이것을 가능하게 한다.

칼럼 05 — 합의와 의사 결정

몇 가지 질문을 해보겠다.

"회사가 지속적으로 성장하는 데 가장 중요한 두 가지는 무엇인가?"

물론 사원과 공급업자들이다. 사원과 공급업자의 지원 없이는 회사가 계속해서 성장하기를 기대할 수 없다.

다음 질문. "당신은 원가 절감을 위한 활동을 하고 있는가? 당신 회사에서 가장 큰 두 가지 원가는 무엇인가?"

가장 흔한 대답은 뭘까? 바로 '사원과 공급업자에게 지급되는 원가'일 것이다. 이 두 가지가 모두 똑같이 중요하고 동시에 크다는 점이 매우 흥미롭다. 사원과 공급업자의 지원 없이는 회사가 지속적으로 성장하기를 기대할 수 없다. 이는 상식이다.

일본은 수 세기 동안 기록적인 속도로 지속적인 성장을 한 바 있다. 어떻게 이것이 가능했을까? 다른 나라에서 수행한 연구 결과에 따르면 일본은 표준 사업 방식에서 두 가지 커다란 특이점이 있는 것으로 밝혀졌다.

- 종신 고용

- 계열사 (가족적인 협력업체 그룹)

다른 나라 사람들은 위와 같은 개념의 아름다움을 알고 이를 아주 높게 평가했다. 불행히도 일본은 점차 이것들을 버려왔다. 개인적으로는 세계 경제의 추세와 상관없이 대부분의 일본인 마음속에는 이에 대한 커다란 아쉬움이 있을 것이라 믿고 있다.

골드랫 박사가 20년간 자신의 책이 일본어로 번역되는 것을 허락하지 않았다는 것은 유명한 사실이다. 그래서 골드랫 박사가 일본을 좋아하지 않는다고 생각했다. 그래서 2006년 11월 그를 만났을 때 용기를 내 "박사님은 일본인을 미워합니까?"라고 질문했다.

그의 답변은 상당히 놀라웠다. 그는 "전혀 그렇지 않습니다. 사실 나는 일본인과 일본 문화를 매우 존경합니다. 내가 일본에서 가장 존경하는 세 사람은 일본 품질 운동의 아버지인 데밍 박사, 도요타 생산 방식의 아버지인 오노 다이이치 박사, 소니의 공동 창립자인 모리타 아키오회장 입니다." 그는 일본 문화에서는 합의를 중시한다는 점에 가장 감탄했다.

일본인에게는 의사 결정을 내리기 전에 먼저 합의를 얻어내는 것이 자연스럽다. 그러나 골드랫 박사에 따르면 다른 나라에서는 의사 결정을 먼저 하고 그다음에 다른 사람들에게 동의를 구한다고 한다. 이 두 방식은 때로는 각각 상향식, 하향식 접근법이라 불린다. 일본 문화를 분석한 결과 그는 일본인이 합의를 우선하는 방식을 쓴다는 것을 알게 됐다. 그리고 이것은 뿌리가 아주 깊어 일본 문화에 내재돼 있는 것처럼 보인다고 했다.

일본 : 합의 → 의사 결정
다른 나라 : 의사 결정 → 합의

그의 설명을 듣고 난 후 나는 일본 각지에서 수많은 청중에게 같은 질문을 반복적으로 해봤다. 그 결과 나는 그가 맞다는 믿음을 갖게 됐다. 나는 만약 일본에서 경영진이 '의사 결정 후 합의' 방식을 택한다면 사람들이 상당히 불편해할 것으로 생각한다. 반면 경영진이 '합의 후 의사 결정' 방식을 택한다면 이는 정말로 사람들에게 동기 부여가 된다고 생각한다.

TOC에는 '합의 후 의사 결정'이 기본이라는 생각을 지지하는 논리가 지배적이다. 그래서 일본인들은 TOC에 대해 매우 자연스럽고 편안한 감정을 느끼고 쉽게 동기 부여된다. 이것이 골드랫 박사가 자신의 책들이 일본어로 번역되는 것을 허락하지 않은 이유다. 그는 일본 문화의 아름다움을 논리적으로 재발견했다.* 그는 TOC와 일본 문화가 결합될 때 세계 시장에서 일본의 경쟁력

---

* 골드랫 박사의 책 《더 골 The Goal》의 국가별 판매고를 보면 일본이 제일 높다. 그러니 골드랫 박사가 정말 맞는 것 같다.

이 더욱 커져 일본과 미국 간 무역 불균형이 더 심해질 것을 염려했다.

앞서 언급한 연구에서 일본인에 대한 커다란 비판이 있었다. 의사 결정 속도가 너무 느리거나 '합의 후 의사 결정' 방식에서 리더십이 결여돼 있다는 것이다. 일본인은 이를 '사전 공작(의사 결정을 내리기 전에 합의점을 만드는 것)'이라 부르는데 어감이 좋지 않을 수 있다. 그렇지만 골드랫 박사는 '합의 후 의사 결정' 방식에 아주 큰 장점이 있다는 것을 발견했다. 새로운 깨우침을 주는 이야기다.

PART 07

여유를 이용한 경영 혁신

1 크리티컬 체인
사람의, 사람에 의한, 사람을 위한

나는 무슨 일이든 실제 해보고 나서 배우는 유형이다. 이렇게 하는 가운데 알게 된 게 있다. 크리티컬 체인은 정말로 사람들에게 도전 정신과 의욕을 제공한다는 것이다. 크리티컬 체인은 공유된 책임감과 강한 팀워크 정신으로 연결돼 있다. 또한 잘 설계된 의사소통 관리 체계를 통해 사람들을 개인적, 전문적으로 성장시키는 것을 목적으로 하고 있다.

사실 CCPM을 실행해보면 모든 프로젝트 멤버들과 이해 당사자들 사이의 의사소통이 극적으로 좋아지는 것을 느낀다. CCPM은 또한 모든 조직들에 걸쳐 바람직한 의사소통의 기반을 제공한다. 이는 프로젝트가 성공하기 위한 필요조건이다.

- 'ODSC의 조율 논의'는 공통 목적을 이해 당사자들 사이에 공유하도록 하는 의사소통 도구다.
- '준비가 8할' 논의는 팀워크를 통해 목표 달성을 할 수 있는 수단을 공

유하도록 하는 의사소통 도구다. 이는 프로젝트 멤버들에게 '생각'하는 훈련을 할 수 있는 기회도 제공한다.

- '공동 여유 생성 논의'는 프로젝트 멤버들이 팀워크를 통해 크리티컬 체인이라는 가장 중요한 곳에 집중하게 하는 의사소통 도구다.

- '버퍼'는 전체적인(늦기 전에 조치를 취하는) 사전 관리를 촉진하는 의사소통 도구다. 이는 화(和) 정신에 기반을 둔 팀워크를 가속화해 전체적 관점에서 작업 담당자부터 고위 경영자까지 올바른 의사 결정을 하도록 한다.

이러한 것들은 프로젝트를 성공시키기 위해 갖추어야 할 상식이라고 해도 좋다. 결코 새로운 게 아니다. 그러나 현실에서는 이 같은 상식을 실천하는 게 매우 어렵다. 요컨대 CCPM은 프로젝트가 전체적으로 성공하도록 프로젝트의 각 국면에서 어떻게 하면 의사소통을 잘할 수 있는지 설명하고 있다. 이는 상식을 실천하기 위한 단순하지만 매우 강력한 수법이다.

또 하나 중요한 것은 이러한 의사소통 도구들이 현장에서 서로 신뢰 관계를 구축하고 훨씬 즐겁게 일할 수 있도록 한다는 점이다. 협조와 팀워크를 미덕으로 여기는 화(和)의 일본 문화에서는 CCPM이 매우 자연스러워서 많은 사람들이 이를 쉽게 받아들이고 있다.

오른쪽 그림에 CCPM을 실행하면 줄어드는 요소와 늘어나는 요소를 정리해 놓았다. CCPM을 실행해보면 재미있고 즐겁다는 말이 나오는 것도 흥미롭다. 프로젝트를 진행하는 주체는 사람이기 때문에 사람들이 재미있고 즐겁다는 것은 프로젝트의 성공 확률을 비약적으로 높인다는 점에서 매우 중요하다.

CCPM에 의해 줄어드는 것과 늘어나는 것

줄어드는 것	
• 높은 압력	• 부분 최적 의사 결정
• 부정적 논의	• 대기업병
• 시간과 돈의 낭비	• 자원 개발에 대한 염려
• 염려/스트레스	• 초조함
• 사고	• 복잡한 논의
• 복잡한 서류와 보고서	• 실수/재작업
• 갈등	• 초과 근무

늘어나는 것	
• 유연성	• 통합적 의사 결정
• 긍정적 논의	• 조직 전체에 걸친 팀워크
• 집중	• 멋진 인재 개발
• 안전	• 성취감
• 깊게 생각하는 습관	• 이익
• 협력과 공감	• 품질
• 웃는 얼굴/행복한 사원들	• 가족과 보내는 시간/삶의 질

비법 15   의사소통! 의사소통! 의사소통!

CCPM을 실행해본 사람이라면 대부분 이렇게 말할 것이다.

"이렇게 믿기 어려운 이익을, 이렇게 짧은 기간에 냈다는 게 놀랍다. 그러나 프로젝트에서 얻은 최대의 성과는 다름 아닌 '사람의 성장'이다."

프로젝트는 사람이 행하는 것이다. 그러므로 어찌 보면 사람이 성장하면 프로젝트의 성공률은 비약적으로 높아진다는 것은 당연한 이야기다.

만약 당신이 프로젝트 진행 도중 위기에 빠졌다면 어떻게 할 것인가? 당신은 팀원 모두와 의논할 것이다. 사실 대부분의 사람들은 프로젝트가 곤경에 처했을 때 문제 해결의 돌파구를 찾으려고 다른 사람들과 의논을 한다. 그러나 CCPM에는 이에 대한 로직이 깊숙이 심어져 있기 때문에 문제가 너무 심각해지기 전에 의논을 하게 한다. 가장 중요한 것은 '의사소통'이다.

- 모두가 서로 아이디어를 교환한다.
- 서로 돕는다.
- 상사와 프로젝트 멤버들 사이에 진실된 의논을 한다.

"내가 도울까?", "이런 아이디어는 어떤가요?", "이렇게 하는 편이 좋겠네요.", "상황은 어떤가요?", "일을 잘하고 있군요!", "문제가 될 만한 것이 있는데요. 도와주실 수 있으신가요?", "잘했습니다! 굉장하군요!", "고맙습니다."

이러한 의사소통을 통해서 프로젝트 멤버들은 현장에서 많은 것을 배우고 개인적, 전문적 차원 모두에서 성장한다. 이는 정말로 인재 육성의 왕도이자 프로젝트 성공의 비결이다. 프로젝트 멤버들은 팀워크를 피부로 느끼고, 일이 즐거워진다. 고위 경영자도 문제가 심각해지기 전에 자신이 사전 조치를 취할 수 있다는 것을 알기에 마음이 편안해진다. 프로젝트 멤버들은 고위 경영자를 신뢰하고 일에 대한 보람과 의욕을 느낀다. 고위 경영자도 모든 프로젝트 멤버들이 서로 돕고 있으며, 그들이 자신을 신뢰한다는 것을 실감하게 돼 일이 즐거워진다.

프로젝트 관리에서 가장 중요한 것은 의사소통이다. 의사소통이 잘되면 조직 전체에 신뢰가 확산된다. CCPM은 의사소통을 원활하게 한다. CCPM은 사람의 의욕을 높이고, 성장을 돕고, 프로젝트를 성공시키려는 의지를 더욱 강하게 만든다. 사람이 성장하는 환경, 신뢰가 구축되는 환경을 만드는 데 필요한 체계적인 법칙이 바로 CCPM에 담겨 있다.

2

여유의 관리

아래 그림은 다중 프로젝트의 상태를 보여준다. 버퍼를 통해 회사 전체 프로젝트들의 진척이 한눈에 선명하게 보인다. 더구나 버퍼들이 '전체적 시각'의 지표로서 단순한 색(파란색, 노란색, 빨간색)으로 나타나 있다.

아무리 바쁜 최고 경영진이라도 어디에 집중해서 지원하면 좋을지 상황

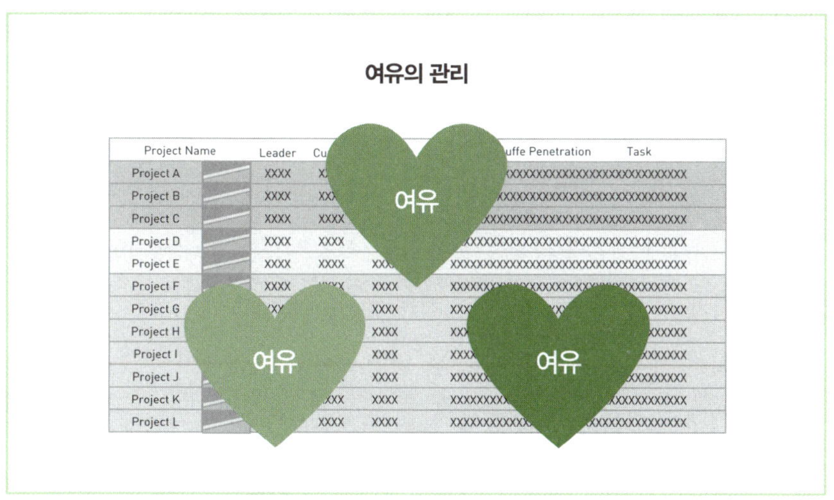

을 정확히 파악할 수 있고, 늦기 전에 '사전 관리'로 손을 쓸 수 있다. 고위 경영자에서부터 작업 담당자까지 공통의 판단 기준을 갖고 전체 최적의 관점에서 판단을 하고 서로 돕는 가운데 프로젝트는 착착 진행된다.

그림은 회사 내 모든 프로젝트의 여유가 공유되고 있는 상황을 보여준다. 회사의 여유가 공유된 상황에서 경영진의 초점은 자연히 각 프로젝트의 진척을 개별적으로 관리하는 관점에서가 아니고, 조직 전체의 관점에서 여유를 어떻게 관리할 것인가로 변한다. 여유를 통해서 관리가 가능한 것이다. 이는 매우 중요하다. 이 여유는 원래 사람들의 책임감에서 비롯된 개별 작업의 안전 여유들을 모아 만든 '공유되는 안전 여유'다.

다시 말해 여유의 원천은 사람들의 책임감에 있는 것이다. 그래서 여유를 관리한다는 것은 조직 전체에 걸쳐 사람들의 책임감을 관리하는 것과 같다.

나는 그간 경영 혁신 프로젝트, 소프트웨어 개발 프로젝트, 연구개발 프로젝트, 판매 활동 프로젝트 등 수백 건의 다양한 프로젝트에 CCPM을 시행해봤다. 시행 후 겨우 몇 개월 만에 프로젝트 소요 기간이 극적으로 줄었다. 자원 사용은 늘리지 않고 (심지어 외주를 줄이고) 훨씬 좋은 품질을 확보해내면서 이런 결과를 얻었다.

놀랄 만한 것은 CCPM을 적용하면서 회의 방식이 크게 변했다는 것이다. 버퍼 상태가 빨간불과 노란불에 있는 프로젝트들에 대해서만 주의 깊게 논의하게 된 것이다. 이때 문제점을 해결하는 데 도움이 될 수 있는 '미래 지향적인' 계획에 초점을 맞췄다. 버퍼 상태가 파란색인 프로젝트의 멤버들은 기꺼이 도움을 주려 했다. 또한 프로젝트 보고서 작성에 소모되는 시간이 극적으로 줄었다.

조직 전체에 걸쳐 경영자들이 참여하고, 프로젝트 멤버들이 한마음으로 '사전 관리' 논의에 집중하기 시작했다. 일터가 흥이 나고 재미있어졌다. 어떤 사람들은 "월요일 아침이 기다려지다니 이거 참 신기하네요."라고 말하기도 했다.

왜 CCPM은 소요 기간을 매우 극적으로 줄이는가?

맨 처음 다중 프로젝트 CCPM을 시행했을 때 겨우 몇 달이 지나지 않아 리드타임이 예전과 비교해 약 1/4로 급격히 줄었다. 큰 충격이었다. 수백 개 프로젝트가 진행 중이었는데 자원을 늘리지 않고서, 심지어 외주 작업을 줄이고서도, 그리고 프로젝트 멤버들의 오버타임을 거의 없애면서 이렇게 됐다는 게 너무나 놀라운 일이었기 때문이다.[*]

한동안 왜 이런 현상이 일어났는지 이해하지 못했다. 이후 나는 CCPM을 실시하는 일본 전역에서 같은 현상이 발생하는 것을 계속 봐왔다. 여러 종류의 산업에서 수백 건의 CCPM 실행을 도왔던 몇 년간의 경험을 통해 왜 CCPM이 이렇게 극적인 결과를 내는지 점차 이해하게 됐다.

다음 페이지의 그림은 CCPM을 도입하기 전 대부분 조직에서 볼 수 있는 전형적인 프로젝트 파이프라인이다. 모든 것이 최우선순위를 갖고, 모든 프로젝트 계획은 프로젝트 매니저들에 의해 제각각 만들어진다. 다중 작업은 만연해 있고 원가, 진도, 마일스톤(milestone, 중요한 단계)을 통제하기 위해 상당한 노력을 하고 있다. 그 결과 과도한 보고와 서류 작업을 요하는 회의가 수없이 열린다.

파이프라인의 끝, 즉 제품이 시장에 나오기 직전에 고객, 영업, 마케팅, 경영진에게서 변경 요구가 들어온다. 이는 프로젝트의 범위를 늘리고 프로젝트의 완료를 늦춘다. 작업과 프로젝트의 수가 점점 증가함에 따라 파이프라인상에서 아웃풋은 크게 감소한다.[**]

---

[*] 이를 주제로 논문을 발표했다. http://www.pmforum.org/library/cases/2005/cases05-1112.htm

[**] 어떤 사람들은 이 그림을 보고 창자를 떠올리는데 나는 애초에 그렇게 생각지는 않았다. 그러나 지금은 영어로 'pain in the ass(엉덩이 안의 고통, '골칫거리'라는 뜻)'의 의미를 알게 됐다. 나는 왜 많은 사람들이 그렇게 어려운 상황에서 영어로 'kicking ass(엉덩이를 차는 것, '박살을 낸다'는 뜻)'에 의존하는지 모르겠다. 그렇게 하면 고통을 가져올 뿐이라는 것을 모르는 걸까?

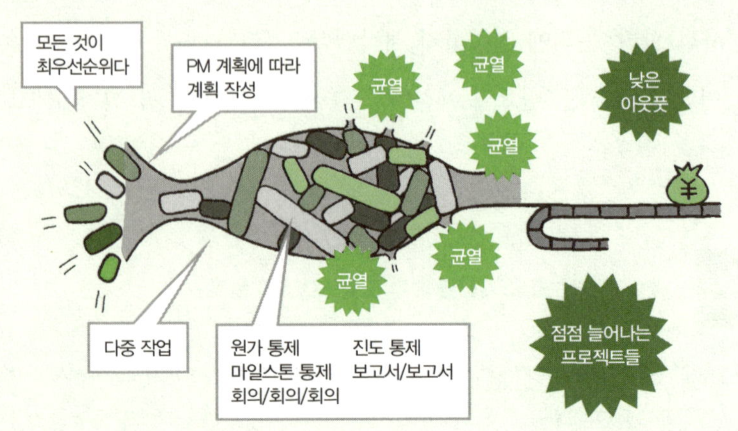

아래 그림은 CCPM도입 후의 파이프라인으로 위 그림과 매우 다르다. 모든 사람들이 ODSC를 만드는 조율 논의를 통해 목표를 공유한다. '준비가 8할' 계획은 팀원들의 합의를 통해 훨씬 잘 이뤄진다. 공동 여유 생성 논의는 리드타임을 줄이는 동시에 팀원들의 사기를 높인다. 프로젝트 멤버들이 한 시점에 하나의 작업에 집중할 수 있게 되므로 품질 수준이 높아진다. 프로젝트 실행 단계에서 사람들은 사전 관리인 버퍼 관리를 통해 팀워크 정신으로 서로 도울 수 있다. 이 파이프라인은 당연히 더 많은 성과물을 지속적으로 그리고 고통 없이 낸다.

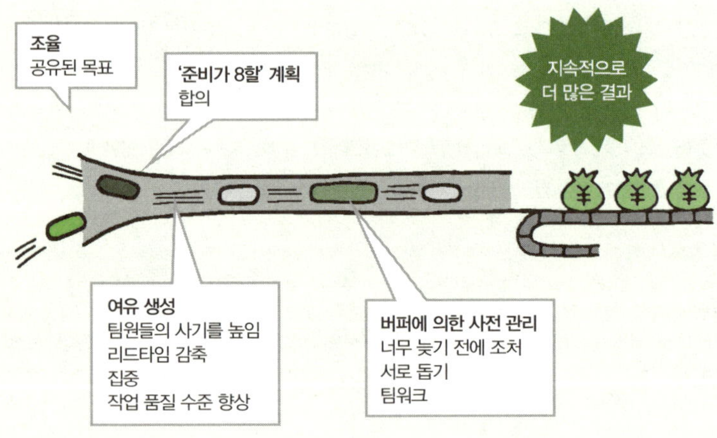

3 당신의 **미래 예상도**

CCPM을 시행하면 1부 41쪽에 제시한 프로젝트와 관련된 조직의 문제 상황이 어떻게 변하는지 논의해보자. 43쪽의 그림을 통해 CCPM을 시행하면서 일어나는 현상의 원인-결과 관계를 묘사했다. 이를 설명해 보겠다.

프로젝트 멤버들은 ODSC 조율 논의를 통해 높은 목표에 합의하고 각 작업에 대해 '과감하지만 실현 가능한' 소요 기간을 지속적으로 사용한다. 그러면 경영자 자신이 그것을 이해하고, 프로젝트의 우선순위를 매긴다. 우선순위와 '과감하지만 실현 가능한' 작업 소요 기간이 주어져 있으니 프로젝트 멤버들은 한 시점에 하나의 일에 집중할 수 있다. 프로젝트 멤버들이 '과감하지만 실현 가능한' 빠듯한 납기에 도전하고 서로 버퍼를 공유할 때 버퍼 관리가 가능해진다.

버퍼 관리를 여러 조직에 속해 있는 복수의 프로젝트에 적용하면 '사전 관리'를 위한 유연성이 높아지고 너무 늦기 전에 문제 상황에 대처할 수 있다. '여유 생성 논의'는 프로젝트 멤버들에게 지혜를 전수하는 최고의 방법

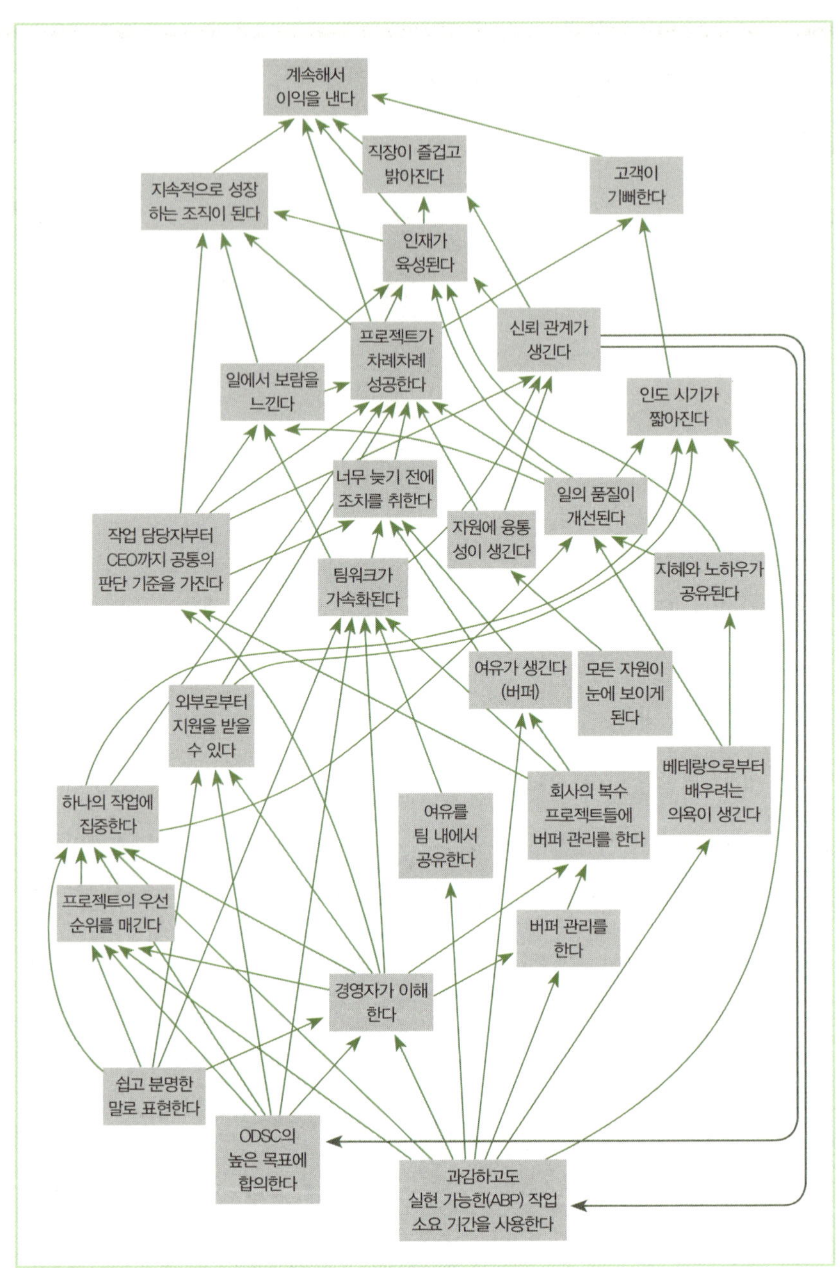

계속해서 이익을 낸다
직장이 즐겁고 밝아진다
고객이 기뻐한다
지속적으로 성장 하는 조직이 된다
인재가 육성된다
프로젝트가 차례차례 성공한다
신뢰 관계가 생긴다
인도 시기가 짧아진다
일에서 보람을 느낀다
너무 늦기 전에 조치를 취한다
일의 품질이 개선된다
자원에 융통 성이 생긴다
지혜와 노하우가 공유된다
작업 담당자부터 CEO까지 공통의 판단 기준을 가진다
팀워크가 가속화된다
여유가 생긴다 (버퍼)
모든 자원이 눈에 보이게 된다
외부로부터 지원을 받을 수 있다
베테랑으로부터 배우려는 의욕이 생긴다
하나의 작업에 집중한다
여유를 팀 내에서 공유한다
회사의 복수 프로젝트들에 버퍼 관리를 한다
프로젝트의 우선 순위를 매긴다
버퍼 관리를 한다
경영자가 이해 한다
쉽고 분명한 말로 표현한다
ODSC의 높은 목표에 합의한다
과감하고도 실현 가능한(ABP) 작업 소요 기간을 사용한다이다. 베테랑의 지혜와 경험이 공유되고, 거기에다 프로젝트 멤버들이 하나의 일에 집중해 일할 수 있으므로 일의 품질이 올라간다.

ODSC 조율 논의를 하면 외부로부터 지원을 받는 것도 훨씬 쉬워진다. ODSC 문서를 통해 외부로부터 지원을 받고, 또한 버퍼 관리가 회사 내 여러 프로젝트에 적용되면 조직 전체에 걸쳐서, 또 프로젝트에 관련된 이해당사자들 내에서 팀워크가 가속화된다. 회사 내 복수의 프로젝트에 버퍼 관리를 적용하면 작업 담당자에서부터 CEO까지 모두 어떤 프로젝트를 먼저 도와줘야 할지 공통의 판단 기준을 갖게 된다. 그 결과 항상 늦기 전에 대책을 세우게 되고 더 많은 프로젝트가 성공적으로 완수된다.

팀워크가 있고 질이 높은 일을 하고 있는 환경에서 프로젝트 멤버들은 의욕이 커진다. 이런 환경에서는 인재가 육성되고, 직장이 더욱 즐겁고 밝아진다. '과감하지만 실현 가능한' 작업에 집중하고 외부 지원을 받아 질 높은 일을 하게 되면 인도 시기가 짧아진다. 인도 시기가 짧아지고 프로젝트가 차례차례 성공하면 고객은 기뻐한다.

작업 담당자로부터 고위 경영자까지 공통의 판단 기준을 갖고 팀워크로써 일할 수 있는 조직에서는 신뢰 관계가 생긴다. 조직에 신뢰 관계가 있다면 프로젝트 팀은 훨씬 더 높은 목표에 합의할 수 있고, '과감하지만 실현 가능한' 소요 기간에 계속해서 도전한다. 프로젝트 멤버들이 의욕을 갖고 일하면 모두가 팀워크 정신으로 협력하고 프로젝트가 차례차례 성공한다. 그러면 당연히 '성장하는' 조직이 된다. 성장하는 조직에서 프로젝트가 차례차례 성공하고 직장이 즐겁고 밝아진다면 결국 계속해서 이익을 내는 회사가 된다.

아래는 37쪽의 그림과 218쪽의 그림을 겹쳐 그린 것이다. 37쪽의 그림에 있는 어떤 항목도 틀린 게 없다. 경험 있는 매니저들은 항상 이 같은 항목들이 중요하다고 말한다. 경험 있는 매니저들이 직관적으로 이해하고 있는 것과 똑같기 때문이다. 그러나 이런 항목들은 경영 철학 관점에서 이따금씩 나타나 프로젝트 멤버들에게 그 중요성이 강조되곤 한다.

그런데 이렇게 하면 겨우 애매한 정신 운동 수준에 그치고 마는 경우가 많다. 그 때문에 이것들을 어떻게 성취할 수 있는가에 대해서는 이해가 잘 되지 않는다. 특히 경험이 없는 멤버들이 그렇다. 반면 오른쪽의 중첩된 그림을 보면 모든 항목들이 '논리적으로' 연결돼 있다. 이게 훨씬 더 이해하기 쉽고, 사람들이 효과적이고 전체적인 경영 혁신을 하는 데 도움이 된다.

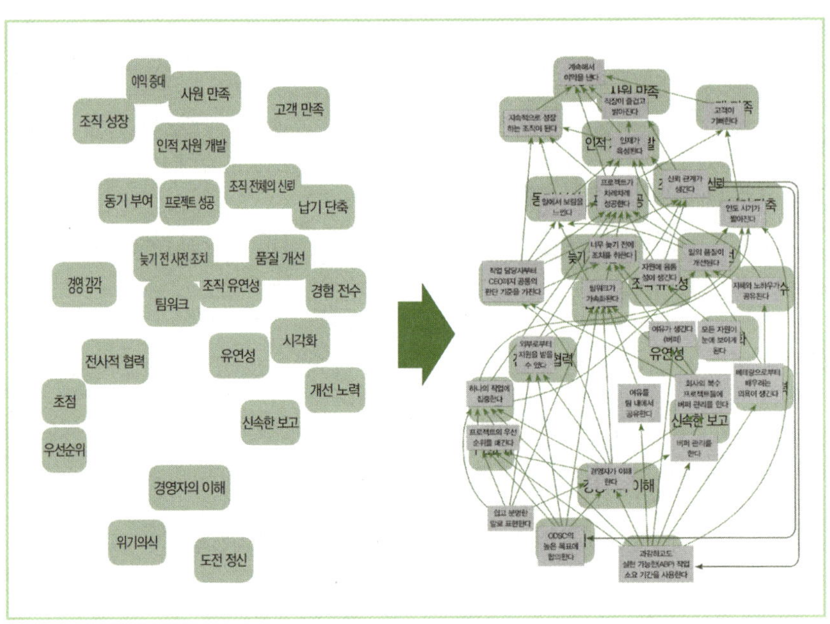

CCPM은 프로젝트 관리 이상의 것이다

TOC는 전체적 경영 혁신(Holistic Transformation Management)을 위한 이론이다. TOC 컨설턴트들은 다양한 프로젝트형 산업에 경영 컨설팅을 하면서 다중 프로젝트 환경(건설 산업, 연구 실험실, 소프트웨어 산업, 하이 테크놀로지 산업 등)을 분석한 결과 공통되는 문제점을 밝힐 수 있었다. 그것은 바로 각 사람과 팀은 개별적으로는 매우 열심히 일하는데 그렇다고 반드시 전체 성과에 이바지하는 것은 아니라는 점이다. 이러한 경험들로부터 CCPM이 프로젝트형 산업에서 전체적 경영 혁신을 위한 일반적 해법으로 개발된 것이다.

사실 기업 활동은 기본적으로 다중 프로젝트 환경이다. CCPM이라는 아이디어는 본래 이러한 환경에서 개발된 것이다. 기업에서 수행하는 프로젝트의 목적은 사업 목표를 달성하는 것이다. CCPM에서 사업 목표는 ODSC 과정을 사용해 프로젝트를 정의함으로써 명확해진다. 그다음에는 지속적으로 사업 목표를 달성하고 '지금도 미래에도 이익을 내기' 위해서 경영의 우선순위를 정한다. 당연히 프로젝트가 수행되는 중간에도 프로젝트 성과물이 바뀔 수 있다. 이때는 성과물이 아니라 사업 목표에 초점을 맞춰야 한다.

버퍼를 관리함으로써 우리는 너무 늦기 전에 조치를 취할 수 있다. 각 작업은 결국 프로젝트 목표에 연결되어 있는데 이는 원인-결과 논리를 이용해 찾고 검증된다. 프로젝트는 현실 세계에서 운영되기 때문에 프로젝트가 100% 성공할 것이라고 보장할 수는 없다. 어떤 프로젝트는 불가피한 이유 때문에 실패할 수 있다. 설사 이것이 현실이라고 하더라도 하나의 실패를 또 다른 성공으로 벌충함으로써 전체 조직의 사업 목표를 달성할 수 있다.

CCPM은 버퍼들을 '전체적 시스템 관점'으로 공유해 프로젝트를 관리하고자 개발됐다. 간단히 말하면 CCPM은 개별 프로젝트가 아니라 전체적 경영자의 관점으로 다중 프로젝트들을 관리하는 방법 혹 '경영의 논리'를 제공하고 있다.

일본의 훌륭한 프로젝트 매니저들은 항상 '사람'을 강조한다. 여기에는 진리가 담겨 있다. 작업을 실행하는 주체는 기술이나 기계가 아니라 '사람'이다. 당신이 진실로 프로젝트 관리를 원한다면 '사람'을 관리하는 것이 단연코 중요하다.

TOC는 상식에 기초하고 있다고들 한다. 사람들은 종종 상식을 당연시한다. 그러나 현업에서 다중 프로젝트는 복잡하게 서로 얽혀 있고, 프로젝트에 참여하는 부서 간에 이해관계가 자주 충돌하기 때문에 상식에 기초해서 경영을 하기란 무엇보다 어렵다. CCPM은 이 같은 복잡한 현실을 이해하여 단순하지만 실용적인 방법을 제시한다. 이 방법은 전체 조직의 성과를 최대화하기 위해 다중 프로젝트들을 전체적 경영 관점에서 관리하는 것으로서 누구라도 쉽게 적용할 수 있다.

골드랫 박사는 TOC는 조화를 존중하는 일본 사람들에게 아주 적합한 방법론이라고 언급한 적이 있다. 조화는 일본어로 '화(和)'다. 604년에 제정된 일본 최초의 헌법 제1조는 "화(和)를 귀하게 여겨라."라는 문구로 시작한다. 일본 문화가 화(和)에 깊게 뿌리 내려 있다는 것은 과장이 아니다. 사실 화(和)라는 단어는 조화, 평화, 합(合), 일본인을 의미한다. 과연 일본의 많은 사람들은 "CCPM은 우리에게 아주 자연스럽다."라고 하면서 CCPM에 대해 긍정적으로 반응했다.

TOC 방법론 자체가 윈-윈 철학에 기초하고 있기 때문에 이것은 다른 방법론들과 양립할 가능성이 아주 크다. 나는 일본의 다양한 베스트 프랙티스와 함께 TOC를 집행해왔는데 성공을 가속화하는 데 시너지 효과가 있는 것 같았다.

칼럼 07 — 대기업병에 잘 듣는 약이 있다

대기업병을 일본의 〈데일리 신어사전〉에서 찾으면 '대기업에 일반적으로 존재하는 경영상 폐해를 끼치는 행동의 총칭'이라고 정의돼 있다. '책임 소재의 모호성, 의사소통의 부족, 의사 결정의 지연, 융통성의 결핍, 현장 경시, 상식 결여 등 또는 그러한 폐해를 끼치는 행동에 대한 위기감의 결여'가 대기업병의 특징이다.

근래 안전 벌레에 대한 생태 연구가 더 활발해졌다. 최근 연구 성과에 따르면 왜 유독 대기업에 안전 벌레가 많은지가 밝혀졌다. 안전 벌레는 '부분 최적의 조직(Silo Organizations)' 사이 틈새에 집

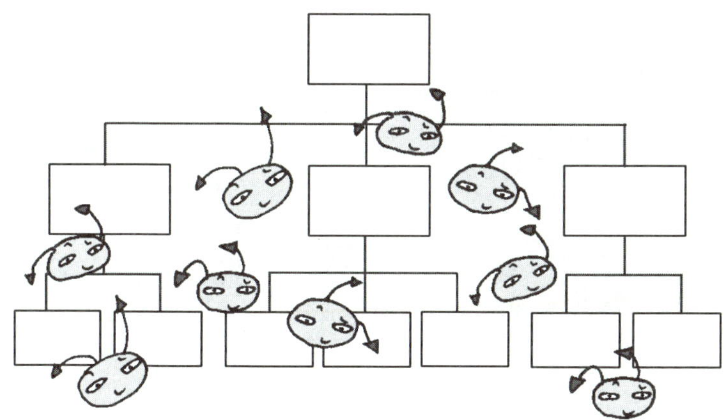

단 서식하고 있다는 것이 새롭게 드러난 것이다. 이 최신 연구 성과를 소개한다.

'부분 최적'이라는 것은 실은 책임감의 또 다른 측면이다. 책임감이 너무 크기 때문에 자신의 조직을 지키고자 각 부서가 전체보다는 자신에게 가장 좋은 것을 행하는 '부분 최적의 함정'에 빠져버리는 것이다.

조직에는 책임이 따르게 마련이다. 조직이 클수록 책임은 더 크다. 대기업에는 커다란 책임이 있다. 이렇게 막중한 책임감을 갖고 업무를 수행하기 위해서 대기업은 많은 조직으로 나뉘어 있다. 대기업에서 각 조직의 책임은 무겁다. 각 조직 하나하나는 책임을 다하기 위해 필요하고도 충분한 책임감을 가지고 조직 활동을 하고 있는 셈이다.

하나의 프로젝트에 참여해 함께 업무를 수행하는, 책임감이 대단히 강한 두 개의 조직이 있다고 하자. 이 두 조직이 함께 업무를 수행하면 책임감도 배로 늘어난다. 프로젝트의 성공률을 높이려고 하기 때문에 그런 것이다.

그러나 여기에는 함정이 있다. 책임감이 곱절로 늘면 안전 벌레가 살기에 가장 편안한 환경이 조성된다. 즉, 책임감이 강한 조직이 함께 업무를 볼 때 과잉 책임감이 발생하며, 이러한 과잉 책임감은 안전 벌레가 살기에 바람직한 거처를 제공한다.

대기업에서 한 조직이 단독으로 기업 활동을 하는 경우는 드물다. 오히려 많은 조직이 한데 엉켜서 기업 활동을 한다. 프로젝트 규모가 크면 클수록 관련되는 조직의 수가 많아지고, 책임감의 과잉 정도는 커진다. 이렇게 해서 대기업은 안전 벌레의 영양원인 책임감이 항상 넘치는 상태가 된다.

과잉 책임감이 존재하는 상태가 되면 안전 벌레는 급격히 번식 행동을 취한다. 풍부한 영양이

있는 환경에서 산란, 성장을 반복하여 안전 벌레가 대량 발생한다. 그 결과 조직과 조직 사이에서 안전 벌레가 많이 관찰된다. 이렇게 대량으로 발생한 안전 벌레가 앞에서 언급한 '대기업병'을 일으킨다.

이 획기적인 연구 성과 덕택에 대기업병을 치료할 수 있게 됐다. 그 특효약으로 개발된 것이 CCPM 가스다. CCPM 가스를 살포하면 '안전 벌레'는 '의욕적인 벌레'로 변이해 책임감을 공유함으로써 팀플레이를 하게 된다. 많은 조직이 관련된 프로젝트 활동에서도 더 이상 과도한 책임감을 갖는 일이 없게 된다. 이 가스는 극히 단시간에 극적인 효과를 낸다는 사실이 각지에서 보고되고 있다. 특히 조직과 조직 사이의 공간에 주의 깊게 CCPM 가스를 살포할 것을 권한다.

윈-윈-윈(Win-Win-Win) 공공사업 혁신[*]

　이 논문은 정부의 공공사업 경영에 CCPM을 적용한 사례를 정리한 것이다. CCPM을 적용한 결과 건설 공기가 급격히 줄었고 계약업체의 수익성이 개선됐으며 작업의 질이 향상됐다. 이해 당사자 모두 즉, 정부 관료와 계약업체의 사기가 크게 올라가고 지역 주민의 만족도 또한 매우 높아졌다.

　전통적인 정부의 경영 방식하에서는 과도한 규정과 지침으로 인해 바람직하지 못한 행태들이 유발되고 있었다. 이에 반해 이 테스트 프로젝트는 CCPM을 통한 '의사소통과 협력'을 적용해 성공을 거둘 수 있었다. 결과적으로 프로젝트 내의 작업을 수행하는 주체는 바로 사람이라는 것을 확인할 수 있었다.

---

* 일본에서는 '3자가 좋은 공공사업 혁신'이라고 부른다.

1. 개요

정부의 재정적 어려움으로 인해 공공사업이 최근 들어 급감함에 따라 지역 건설업체의 공사 수주량이 종래의 반 이하로 줄었다. 이렇게 어려운 경영 환경에 직면하여 지역 건설업체는 생존을 위해 분투하고 있으며 일부는 이미 도산했다. 그러나 다른 한편에서는 대규모 재해가 계속 발생함에 따라 공공사업 건설의 의의를 다시 인정하는 동향도 있다. 공공사업 건설 대부분은 이전부터 지역 건설업체에서 진행했다. 공공사업이라는 이슈는 점점 관심을 받고 있으며 많은 논의가 진행되고 있다. 이러한 상황에서 정부는 공공사업 경영에 여러 가지 행동 계획을 세우고 이를 실행함으로써 패러다임 변화를 모색해 왔다. 그러나 성과 면에서 긍정적인 건 아직 별로 없었다.

이상적인 공공사업 시나리오를 그린다는 목적을 갖고 1년에 걸친 사례 연구가 진행됐다. 이 사례 연구는 현상의 문제 분석, 해결책 고찰, 해결책 실시, 검증을 다뤘다. 이 테스트 프로젝트는 모든 프로젝트 이해 당사자들 사이의 의사소통과 협력을 통해 대폭적 납기 단축, 기업의 이익 창출, 주민의 편의성 증대, 거기에다 정부 관료의 업무 능력 향상 등 폭넓은 효과를 얻었다.

2. 현재 상황 분석

산업 현장에서 흔히 이야기하듯 문제란 '현실과 이상의 차이'다. 프로젝트 도전 과제를 이해하고자 국토교통성(MLIT, Ministry of Land, Infrastructure and Transportation) 홋카이도 지역 개발국의 정부 관료들을 대상으로 질의 세션을 가졌다. 여러 부서에서 스무 명이 넘는 관료들이 참가했다. 이 세션에서 그들에게 "무엇이 당신으로 하여금 공공사업에서 성과를 내는 것을 방해하고 있는가?"란 질문을 하고 답을 세 가지 적도록 했다. 그리고 각 문제점에 대해 '왜?, 왜?, 왜?'를 생각하도록 요구해 언급된 모든 문제점을 파고들어 근본 원인을 찾아내도록 했다.

3. 해결책 고찰

질의 세션에서 세 가지의 주된 바람직하지 못한 현상(Undesirable Effects)을 다뤘다.

- 건설업자의 이익이 나오지 않는다(많은 경우 손실을 본다).
- 정부의 재정 상태가 나쁘다.
- 정부의 인재가 육성되지 않는다(경험을 젊은 사람들에게 어떻게 전수할 것인가?).

건설업자들이 강조한 주요 문제점 중 하나는 예상치 못한 사항들 때문에 정부 관료가 설계 변경에 동의해야 할 때 공사가 오랜 기간 중단된다는 것이었다. 공사에는 불확실성이 따르기 마련이다. 동일한 조건하에서 공사하는 일은 거의 없다. 특히 공사의 대부분은 자연을 상대로 하기 때문에 불확실성이 매우 크다. 그래서 시공 도중 건설업자가 정부 감독관에게 시공 방법의 검토, 설계 변경 등에 관해 문의하는 일이 다반사다. 이런 변경 사항들로 인해 공사가 지연되고 예산이 초과되며 모든 이해당사자들은 좌절감과 불편함을 느낀다.

현상을 분석하고 문제 해결 방안을 논의한 후 참석자들은 정부가 집행할 수 있는 가장 중요하고 강력한 해결책을 건설업체의 문의에 재빨리 대응하는 것이라고 결론지었다. 그래서 이러한 방안을 '일일 대응 프로젝트(One Day Response Project)'[34]라고 명명했다.

해결책의 방향이 맞는지 확인하고자 '미래 상황 나무(FRT, Future Reality Tree)'를 사용했다. 이는 TOC 사고 프로세스 중 하나다. FRT는 '만약…이라면, …이 된다.'라는 인과 관계 논리를 사용한다. 이 논리는 해결책이 문제 해결에 정말 유효한가를 검토하는 것이다.

그림은 아래서부터 읽는다. 일일 대응 프로젝트를 시행하면 공공사업 프로젝트가 예정한 것보다 일찍 끝난다. 또 건설업자도 하릴없이 기다리는 일이 줄어 어려운 상황에서도 더 많은 이익을 내기 시작할 것이다. 더욱이 1일 내로 대응하려면 정부 감독관은 신속히 대응책을 모색하지 않으면 안 되고, 이는 정부의 전문 인력 사이에 논의를 촉발함으로써 행정 능력이 향상된다.

---

34 '일일 대응(One Day Response)'은 최고로 신속히 응답한다는 것을 '상징적으로' 표현한 것이다. 즉, 모든 해결책을 하루 만에 제공한다는 것을 의미하지는 않는다. 이것이 의미하는 바는 문제점을 가능한 한 하루 만에 해결하도록 노력해야 한다는 것이다. 또한 만약 해결책이 하루 만에 제공될 수 없는 경우라도 건설업체가 그다음 단계의 계획을 작성할 수 있도록 어떤 식으로든지 응답을 해야 한다는 것이다.

일일 대응 FRT

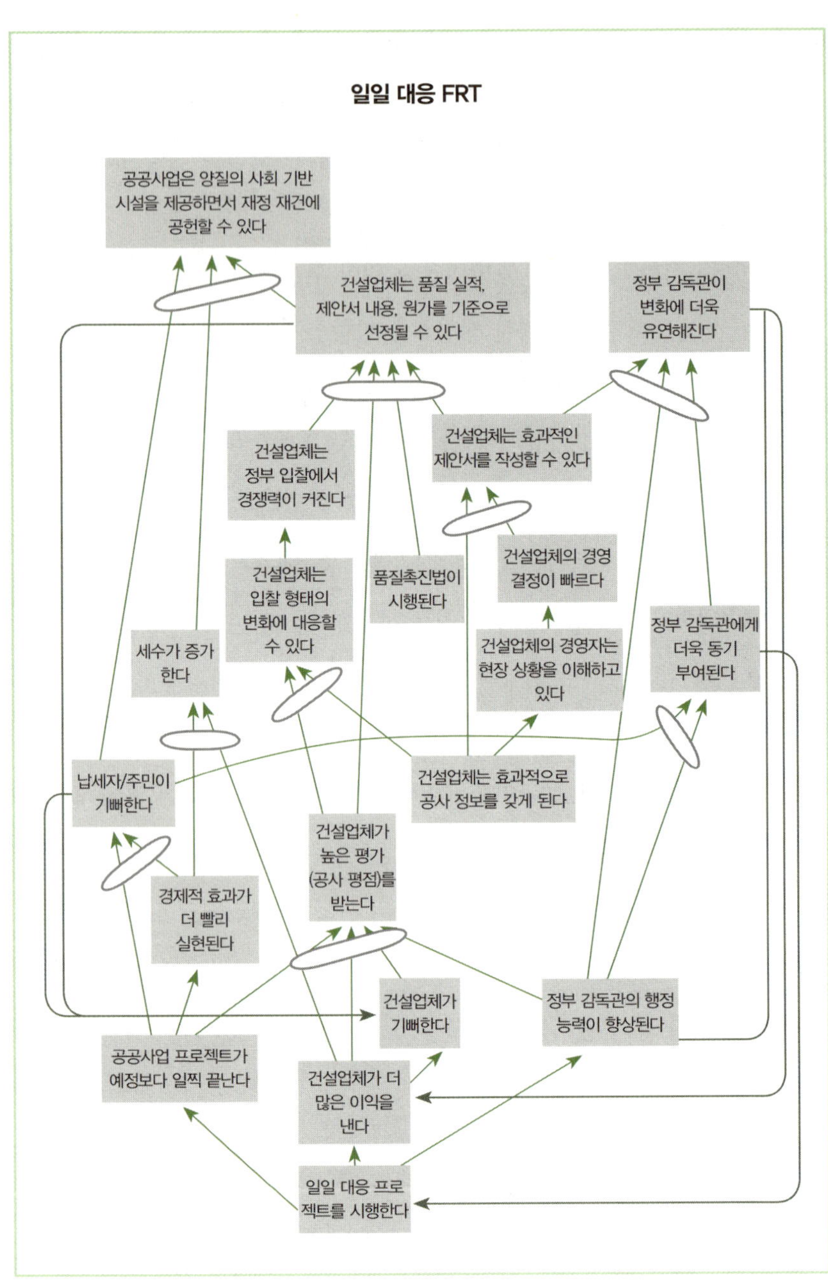

공공사업은 양질의 사회 기반 시설을 제공하면서 재정 재건에 공헌할 수 있다
건설업체는 품질 실적, 제안서 내용, 원가를 기준으로 선정될 수 있다
정부 감독관이 변화에 더욱 유연해진다
건설업체는 정부 입찰에서 경쟁력이 커진다
건설업체는 효과적인 제안서를 작성할 수 있다
건설업체는 입찰 형태의 변화에 대응할 수 있다
품질촉진법이 시행된다
건설업체의 경영 결정이 빠르다
세수가 증가한다
건설업체의 경영자는 현장 상황을 이해하고 있다
정부 감독관에게 더욱 동기 부여된다
납세자/주민이 기뻐한다
건설업체는 효과적으로 공사 정보를 갖게 된다
건설업체가 높은 평가 (공사 평점)를 받는다
경제적 효과가 더 빨리 실현된다
건설업체가 기뻐한다
정부 감독관의 행정 능력이 향상된다
공공사업 프로젝트가 예정보다 일찍 끝난다
건설업체가 더 많은 이익을 낸다
일일 대응 프로젝트를 시행한다

게다가 사회 기반 시설이 더 일찍 완성되면 납세자와 주민도 기뻐한다. 납세자와 주민이 기뻐하면 건설업자와 정부 감독관도 기뻐한다. 그뿐만 아니라 사회 기반 시설로부터 경제 효과가 더 빨리 실현돼 지역 경제도 더 빨리 활성화된다. 일일 대응 프로젝트에 따라 정부 감독관과 건설업자가 더 협력을 잘하면 공공사업의 품질이 좋아진다. 공공사업의 품질이 확보되고 이 같은 실적이 계속 누적되면 '공공공사의품질확보촉진에관한법률'에 따라 제안서 내용과 실적을 기준으로 해서 건설업자가 선정될 수 있다.

양질의 사회 기반 시설이 예정보다 빨리 제공돼 더욱 빨리 경제 효과가 나타나고, 동시에 건설업자가 이익을 올릴 수 있게 된다면 세수가 증가한다. 따라서 공공사업은 양질의 사회 기반 시설을 제공하면서 재정 재건을 실현하는 데도 도움이 된다.

즉, 일일 대응 프로젝트는 앞에서 언급한 3개의 문제점에 대한 매우 강력한 처방이라는 것이 여기에서 확인된 것이다. 다시 한번 이 그림을 보면 '일일 대응 프로젝트는 공공사업의 본분을 되찾게 한 프로젝트'임을 확인할 수 있다.

4. 일일 대응 프로젝트에 대한 평가

국토교통성의 홋카이도 개발국 삿포로 도로사무소의 한 젊은 정부 감독관은 건설업체에 일일 대응을 해줌으로써 건설이 중단되는 일이 없도록 하라는 지시를 받았다. 그는 건설 현장 5군데를 동시에 관리했다. 모든 현장에서 공사가 완료된 후 편지 한 장을 받았는데 이것이 우리의 관심을 끌었다. 수나고구미(砂子組) 회사의 작업반장 히로가미 신지(廣上伸二) 씨가 보낸 편지다. 아래는 그 일부다.

이번 공사에서는 최초 계획했던 것보다 더 큰 이익을 낼 수 있었습니다. 과장, 계장, 감독원은 지금까지와는 달리 현장에서 발주자로서 공사가 원만히 진행되도록 행동해줬습니다. 오히려 발주자 스스로 공사를 시공하고 있는 듯한 느낌을 받았습니다. 빠른 대응, 양호한 의사소통 때문에 좋은 품질로 최적의 기간 내에 시공할 수 있었습니다. 그래서 이익도 늘고 현장에 관여한 모든 사람들이 만족감을 얻는 굉장한 공사가 됐습니다. 진심으로 감사드립니다.

2005년 11월 25일
수나고구미 사(社)
히로가미 신지

이 편지에서 언급된 성과가 어떻게 나왔는지 알아보려고 이 편지를 받은 정부 감독관을 찾아가 대화를 나눴다. 담당 감독관의 코멘트는 다음과 같았다.

- 공사 중단을 피하기 위해 미리 상황을 예측해보는 시뮬레이션을 했다. 이는 중요한 작업이다.
- 공사를 담당한 수나고구미 사는 자사가 맡고 있는 업무에 대한 의식 수준이 높았다. 그들의 독특한 진척 보고서는 우리가 상황을 시각화할 수 있도록 해줬기 때문에 업무를 진행하기 쉬웠다. 처음에는 다소

불안했다. 각 작업은 개별적으로 여유 시간을 갖지 않고 매우 과감한 시간으로 추정돼 있었기 때문이다. 그러나 그들이 버퍼를 사용해서 일정을 관리하고 있어서 직감적으로 알기 쉬웠다.[35]

- 업자가 개별적 여유 시간이 없는 일정을 가지고 오면 '함께 공사를 진행하고 있다.'는 신뢰감이 생긴다. 모든 작업에 개별적 여유 시간을 숨기고 있는 일반적인 일정을 가져오는 다른 업자의 공사에 비해 대응하기 더 쉽다.

또 이 감독관의 상사인 계장은 다음과 같이 말했다.

"공사에서 가장 심각한 문제는 공사가 도중에 중단되는 겁니다. 공사가 중단되면 공공사업 프로젝트의 완료 시점이 늦어지고, 예산을 초과 지출하게 되기 때문입니다. 공공사업 프로젝트에는 불확실성이 항상 존재합니다. 공사가 진행되려면 빠른 의사 결정과 대응이 중요합니다. 그 때문에 저는 매일 공사가 중단되지 않았는지 우리 부서의 관계자들을 모아서 체크하고 문제가 생기면 우리 팀에서 신속히 대응하도록 하고 있습니다. 경우에 따라서는 곧바로 대답을 하지 못할 때도 있고, 부득불 공사를 중단해야 할 때도 있습니다. 이때는 건설업자에게 우리가 대응책을 마련하기까지 얼마나 걸릴지 확인시키고, 그 기한 전에 대답을 하도록 노력하고 있습니다."

그의 말은 바로 '공사를 중단시키지 않으려고 일일 대응을 실천하고 있다.'는 것이었다.

---

35 현장의 작업반장이 자신이 TOC 기반의 프로젝트 관리 솔루션인 CCPM과 매우 유사한 프로세스를 사용했다는 것을 안 것은 건설 공사가 완료된 후였다.

한편 그들이 신속한 대응을 할 수 있느냐 없느냐는 건설업자의 능력에도 달려 있다고 했다. 감독관이 아무리 신속히 대응하기 위해 전력을 기울인다 하더라도 건설업자의 제안 능력이나 의사소통 방식에 따라 아무리 노력해도 신속하게 대응할 수 없는 부분이 있다. 그러나 수나고구미 사가 실시한 이번 공사는 다른 공사 현장과 비교해 감독관이 업무를 수행하기가 특히 쉬웠다고 한다.

수나고구미 사는 이 공사에서 CCPM을 적용해 공사 기간을 줄였다. CCPM의 독특한 점은 각 작업에 있는 안전 여유를 제거하고, 가능한 한 빠듯한 50% 성공 확률의 작업 소요 기간 추정치를 쓰고, 각 작업에서 제거된 여유 시간을 모아 프로젝트 버퍼로서 프로젝트의 끝에 추가한다는 것이다.

프로젝트의 납기를 지키기 위해서 이 버퍼의 소모량을 모니터링하여 관리한다. 이는 일본의 건설업에서 오랫동안 우수한 현장 감독자 사이에서 암묵적으로 실천됐던 '준비가 8할'이라고 하는 시공 절차를 명시적으로 표현한 것이라고 할 수 있다.

각 작업에 여유 시간을 넣어 부풀리지 않은 채 정직하게 발주자인 정부 관료와 대화를 시도한 수나고구미 사의 방법은 정부 감독관의 입장에서도 무엇이 일어나고 있는지 알기 쉽게 했다. 또한 이는 정부 감독관이 공사에서 필요한 변경 사항을 미리 예측, 검토하고 서로 신뢰 관계 속에서 일을 진행할 수 있게 했다. 그 결과 다른 공사에 비해 노력과 시간이 덜 들었다.

5. 버퍼 공유에 의한 협력 효과

CCPM에서 버퍼의 소모 수준은 심각한 정도가 적은 순으로 파란색, 노란색, 빨간색으로 나타낸다. 버퍼의 소모 수준과 색상 변화를 모니터링함으로써 실제 프로젝트 지연이 발생하기 훨씬 전에 예방 조치를 취할 수 있다. 즉, 버퍼의 소모 수준을 나타내는 지표를 보고 어떤 작업이 버퍼를 소비하고 있는지 모니터링함으로써 늦기 전에 필요한 조치를 취할 수 있다.

건설업자가 이 방법대로 실행하고 버퍼의 상태를 발주자와 공유하게 되면 발주자가 대응을 늦게 하는지 여부가 확실히 드러나게 된다. 대응이 늦으면 버퍼가 소모되고, 심하면 버퍼의 색이 바뀌어버리기 때문이다. 따라서 발주자에게는 더 신속히 의사 결정을 내려야 한다는 의식의 변화가 일어나게 된다.

종래 건설업뿐만 아니라 일반 산업에서도 하청업자는 불확실성에 대비해 납기를 지키려고 안전 여유를 숨기는 경향이 있었다. 그러나 역으로 안전 여유가 없는 일정을 보이고 버퍼를 공유함으로써 더 협력하게 되고 팀워크도 좋아진다는 것은 우리에게 커다란 교훈이다.

이는 '진실된' 모습을 보임으로써 양자 간의 의사소통이 가속화됐기 때문에 가능했다. CCPM을 시행해본 대다수 사람들은 "버퍼 관리 덕분에 의사소통이 크게 개선됐다."라고 말한다. 이렇게 CCPM은 의사소통의 수단으로 볼 수 있다.

이 사례에서도 단순하고 쉬운 버퍼 메커니즘이 건설 현장 전체에서 의사소통을 개선하고 팀워크를 생성한 것으로 보인다.

6. 인재 개발

정부 감독관과 건설업체 감독 모두 "프로젝트 수행 기간 중 의사소통과 팀워크가 개선됨으로써 사람들이 서로에게서 배우게 돼 인재가 양성됐다."라고 말했다. 정부 감독관과 그의 상사를 인터뷰해서 얻은 사실은 다음과 같다.

- 젊은 감독관은 상사들에게 서슴지 않고 자문을 구하기 시작했다. 이는 경영자로서 상사의 직무를 훨씬 쉽게 만들었다.
- 조언을 빨리 구함으로써 문제들이 빨리 확정됐다. 그 결과 오버타임 작업이 줄어 퇴근 시간이 빨라졌다.
- 젊은 감독관은 자신이 이 프로젝트를 건설업체와의 팀워크를 통해 정말로 '관리'하고 있다고 느꼈다.
- 건설업체의 젊은 감독자들은 지역 주민들이 자신들의 일을 높이 평가해주기 때문에 훨씬 사기가 올라감을 느꼈다.

젊은 사람들에게는 경험을 통한 교육이 필요하다. 일일 대응 프로젝트는 학습 속도를 높이고 젊은 사람들이 경험을 통해 배울 수 있는 유익한 환경을 제공한다.

7. 3C 경영
(Communication, Collaboration, Commitment 의사소통, 협력, 헌신)

이 사례에서 흥미로웠던 점은 이 프로젝트에 관여한 사람들 대부분이 "일이 즐거워지고 보람이 생겼다."라는 소감을 입에 올리고 있다는 것이다. 일일 대응을 하려면 담당 정부 감독관이 건설업자와 긴밀하게 의사소통한다. 더구나 정부 감독관은 공사를 진행하는 데 필요한 모든 일을 상사와 상담해 가면서 일을 진행한다. 최종적으로는 버퍼의 소모 수준을 체크함으로써 프로젝트 지연을 피하기 위해 어떤 조치를 취해야 하는지 일목요연하게 알 수 있다.

요컨대 일일 대응 프로젝트라는 틀 속에서 모든 프로젝트 관계자 간의 의사소통이 매우 좋아졌다. 즉, 경영 방식에서 일대 패러다임 전환이 일어난 것이다. 이 같은 패러다임 전환을 포지셔닝 맵(Positioning Map)이라는 방법으로 고찰, 종합한 것이 238쪽 그림이다. 세로축은 쉽다/복잡하다, 가로축은 의사소통/통제로 잡으면 흥미로운 결과를 얻을 수 있다.

왼쪽 아래의 사분면은 전통적인 피라미드형 조직 구조에서 사용하는 지시와 통제(Command & Control)에 따른 경영이다. 여기에는 '본사가 현장을 관리하지 않으면 안 된다.', '정부가 건설업자를 관리해야만 한다.'라는 로직이 강하게 작용하고 있다. 그 때문에 직무 기술을 명확히 해서 사람을 군인처럼 통제하기 위해 매뉴얼이나 규정을 만드는 데 사로잡혀 있다. 유감스럽지만 이 방법으로 도착할 곳은 사람을 '매뉴얼 인간화'하는 것이며 결국 사람은 자율적으로 일할 수 있는 창의성을 잃어버리게 된다.

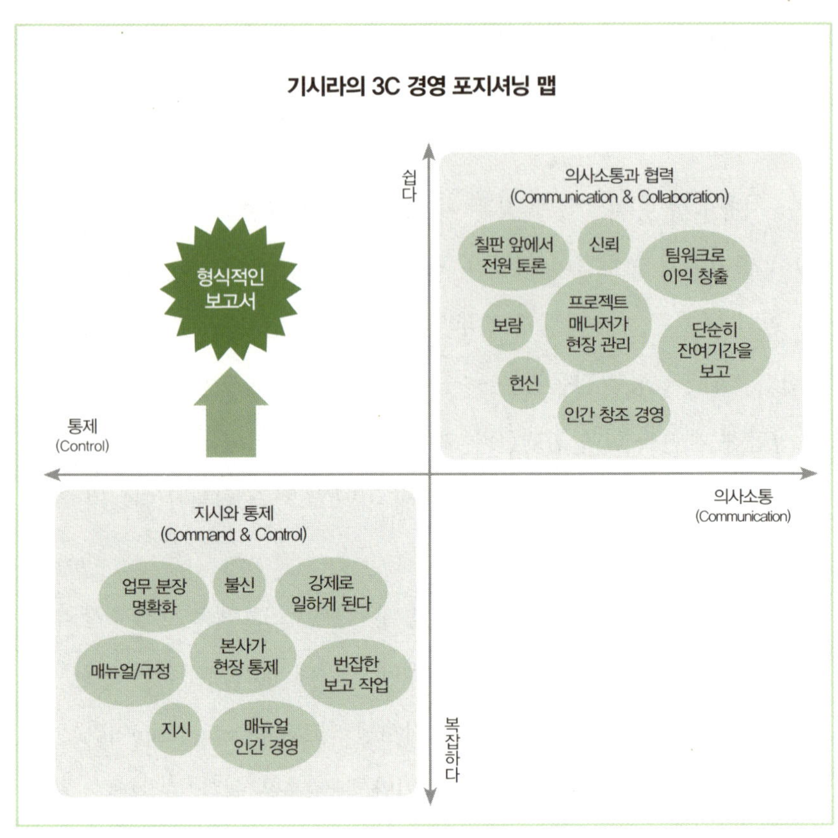

이런 환경에서는 당연히 일의 성과가 오르지 않는다. 또 이 방법에서는 모든 문제와 과제를 상정해서 매뉴얼을 만들지 않으면 안 되기 때문에 결과적으로 사람이 읽어서 이해하고 올바르게 행동하기가 불가능할 정도의 광대한 매뉴얼과 규정이 작성된다. 이해하지 못하는 방대한 매뉴얼과 규정을 대하면 사람들은 어떤 생각을 할까? '심각한 실수 없이 지내는 편이 더 안전하고 득이 된다.'라는 사실을 배운다.

매뉴얼과 규정을 위반하면 가혹한 페널티가 기다리고 있다는 것을 알기 때문이다. 복잡한 매뉴얼과 규정에 손발이 묶여 있으므로 일을 진행하기가 어렵다. 이런 와중에 진척 보고를 요구하면 일상적으로 안고 있는 번잡한 업무 속에서도 보고에 대한 요구를 소화하기 위해 표면상으로는 서식을 기준으로 삼고 따르지만 형식적인 보고를 하게 된다. 결국 문제가 발생하면 다시 더 엄격한 통제를 하게 된다. 지시와 통제로 인해 회사의 문화는 점점 딱딱해지고 많은 사람들이 일을 하는 데 융통성을 잃어버린다.

한편 오른쪽 위의 사분면은 의사소통과 협력이다. 프로젝트는 사람이 하는 것이다. 프로젝트에는 본질적으로 불확실성이 있다. 팀 내에서 대화를 통한 의사소통은 이루 헤아릴 수 없을 만큼 중요하다. 이런 점에서 화이트보드 앞에서 사람과 사람이 지혜를 서로 짜내서 의논함으로써 프로젝트의 성과가 더욱 높아지게 되는 것이다. 프로젝트 리더는 팀워크로써 프로젝트를 진행해 현장을 관리하고 본사에 성과를 보고한다. 사람과 사람의 의사소통과 협력에 의해서 사람은 '도전 의식'과 '보람'을 공유하고 의지를 갖고 헌신하면서 프로젝트를 수행하게 된다.

왼쪽 아래 사분면의 지시와 통제 경영은 결과적으로 '매뉴얼 인간'을 만들어 버리는 반면, 오른쪽 위 사분면의 의사소통과 협력 경영은 '인간 창조' 경영이라고 할 수 있다. 프로젝트는 사람이 한다는 사실을 이해한다면 사람에게 동기 부여를 어떻게 해서 일을 할 것인가를 최우선으로 해야 한다. 이를 고려해볼 때 당연히 '인간 창조' 경영이 더 많은 성과를 낸다고 생각한다.

여기서 논의한 일일 대응 프로젝트 사례는 의사소통과 협력 속에서 이뤄졌다. 이것이 성공의 최대 요인이라고 프로젝트 관계자 모두 말하고 있다.

8. 앞으로의 계획

이 사례가 시사하는 바는 정부 측의 일일 대응 프로젝트가 건설업체 측의 CCPM과 결합됨으로써 커다란 시너지 효과를 거뒀다는 것이다. 이러한 발견을 통계적으로 의미 있는 분석으로 바꾸려면 공사 규모와 종류가 다른 다양한 공공사업 프로젝트에서 이를 검증해갈 필요가 있다. 일본의 국토교통성은 2007년 3월 일일 대응을 공식 정책으로 수용한다고 공표했다. 지금은 일본 전역에서 수백 건의 건설 현장에서 이 방법이 시행돼 그 결과를 평가받고 있다.

2007년 5월 8일 일본 도쿄에서 '윈-윈-윈 공공사업 경영 혁신 포럼'이 개최됐다. 국토교통성과 다른 정부 기관의 고위 간부, 그리고 일본 전역의 건설 회사에서 500명 이상이 참석했다. 이때 아래와 같은 '윈-윈-윈 공공사업 경영혁신 선언서'가 선포됐다.

"우리는 공공사업을 통해 국민을 안심시키고 국토의 안전을 지키며 더 나은 사회를 구축하는 데 공헌하는 중책을 맡고 있음을 다시 한번 강하게 마음에 새긴다. 발주자와 시공자가 사회에 큰 이익을 내기 위해 '좋은 것'을 '더 빨리' 제공하는 것을 목표로 하고 일치단결, 협력하여 최선을 다해 공공사업에 종사한다. 이에 따라 주민, 발주자, 시공자 3자에게 혜택을 제공, 나아가 재정의 건전화에도 기여할 것이다. 우리는 이 '3자가 좋은 공공사업'을 강력하게 추진해 나갈 것을 여기에 선언한다."

9. 맺음말

이 사례의 핵심 성공 요인은 앞서 언급한 '일일 대응 프로젝트 평가'에 강조돼 있다. 즉, 계획 시에 근본적인 문제점들을 공유하고, 실행 시 인간의 심리적 요소들을 관리하는 것이 핵심 성공 요인이다. 거듭 말하지만 CCPM 방법론이 모든 프로젝트 멤버들에게 뛰어난 길잡이가 됐음은 두말할 필요도 없다. 간단히 말해 인간 중심의 프로젝트 관리가 매우 유익하다는 것이 이 사례에서 증명됐다.

국토교통성의 오쿠다이라 히지리 국장과 홋카이도 개발국의 야나기야 케이고 부장께서 많은 코멘트와 지도를 해준 데 감사드린다. 여러 가지 제안과 조언을 해주신 건설경제연구소의 야마네 카츠오 상무이사께도 감사드린다. 국토교통성 유자와사무소의 야마구치 신지 사무소장께서 귀한 논의와 지도를 해주신 데도 감사드린다.

강력한 마법의 말 요약

강력한 해법은 강력한 질문에서 시작된다. 다음은 일본의 여러 지역에서 성공적으로 적용하고 다듬어왔던 몇 가지 단순하지만 강력한 질문이다. 여러분도 이 질문들의 힘을 느껴보길 바란다.

계획

조율 논의

"목표는 무엇인가?"

"그 밖에 다른 것은 없는가?"

"ODSC는 모든 주요 이해 당사자들의 관점(재무 관점, 고객 관점, 업무 프로세스 관점, 성장과 육성 관점, 경영 이념 관점, 회사의 사회 공헌 관점)을 포함하고 있는가?"

"성과물은 무엇인가?"

"그밖에 다른 것은 없는가?"

"성공 기준은 무엇인가?"

"그밖에 다른 것은 없는가?"

"ODSC를 성취하면 당신은 자부심을 느끼겠는가?"

"당신이 자부심을 느끼도록 하기 위해 프로젝트가 성취해야 할 다른 것은 없는가?"

'준비가 8할' 논의

"이 작업을 시작하기 바로 직전에 완료해야 할 작업들은 무엇인가?"

"정말로 그것들 뿐인가?"

"만약 A를 한다면, B를 할 수 있다."

여유 생성 논의

"50/50인가?"

"이 작업 추정치를 줄이면서 여전히 추정치를 만족시킬 가능성이 높도록 하는 좋은 방법은 있는가?"

"당신이 이 작업 추정치를 줄이는 데 도움이 되도록 경영진이 할 수 있는 것은 무엇인가?"

실행

사전 관리 논의

"당신이 이 작업을 완료할 때까지 작업일이 며칠 남았는가?"

"당신이 이 작업을 완료하는 데 예상할 수 있는 문제는 무엇인가?"

"당신은 무엇을 기다리고 있는가?"

"우리가 어떻게 당신을 도울 수 있는가?"

"당신은 특별히 프로젝트가 파란불에 있을 때 도움을 줄 수 있는가?"

검토

개선 논의

"당신은 무엇을 기다리고 있는가?"

"왜 이 작업이 지연됐는가?"

"이 경험에서 무엇을 배웠는가?"

"이러한 일이 다시는 발생하지 않도록 하려면 어떤 단계를 밟아야 하는가?"

지속적 개선 프로세스

TOC란 무엇인가?

TOC(Theory of Constraints, 제약 이론)는 유대인 물리학자인 엘리 골드 랫(Eliyahu M. Goldratt)박사가 제창한 경영 혁신 원리와 응용 방법론이다. TOC는 조직이나 개인 문제에서 핵심 제약을 찾고, 이를 창의적 방식으로 해결함으로써 지속적으로 획기적인 개선을 이뤄내는 접근법이다.

TOC는 지금부터 30여 년 전 공장의 생산 경영 분야에서 시작됐다. 이 스라엘의 바일란대학교에서 물리학 박사 학위를 취득하고 교단에 있던 골 드랫은 1970년대 후반 공장을 경영하던 친지로부터 공장 운영에 대한 자 문 요청을 받았다.

그는 파이프를 통과하는 유체의 시간당 유량은 병목의 처리 능력에 따 라 결정된다는 물리학적 원리를 생산·물류 경영 문제에 응용해 수개월 만 에 공장의 생산량을 세 배로 끌어올리는 경이적인 결과를 얻어냈다. 이 사 건을 계기로 골드랫은 자신의 전문 영역을 물리학에서 경영학으로 전환하 게 된다.

그는 이러한 경험을 살려 OPT(Optimized Production Technology)라는 제약 중심의 생산 스케줄링 소프트웨어를 개발하고 1979년 미국에서 크리에이티브 아웃풋(Creative Output) 사를 설립했다. 이 스케줄링 소프트웨어는 GE를 필두로 해 많은 공장의 생산성을 높이는 데 크게 이바지했다.

한편 당시 OPT의 원리는 전혀 공개되지 않았는데 이 점이 OPT의 판매에 걸림돌이 됐다. OPT의 판매를 진작시키기 위해 골드랫은 그 원리를 쉽게 설명하기로 했다. 그런데 그는 당시로는 파격적인 접근법을 택했다. 바로 공장 운영을 다루는 소설을 쓰기로 했던 것이다. 이렇게 해서 나온 것이 1984년의 《더 골 The Goal》이라는 소설이다. 주변의 반대와 우려와는 달리 이 기업 소설은 발매와 동시에 베스트셀러가 됐다.

그리고 많은 독자로부터 팬레터가 날아오기 시작했다. 특별히 여러 공장장이 "《더 골》을 읽고 책에 있는 대로 공장 운영을 해봤더니 소설에 나와 있는 정도의 성과를 얻었다."고 알려왔다. 이 소식은 골드랫에게 충격으로 전해졌다. 이들은 OPT 소프트웨어를 설치하지도 않고 단지 《더 골》만을 읽고 이를 적용했을 뿐인데 OPT 소프트웨어를 운용할 때보다 더 나은 성과를, 더 짧은 시간 내에 거뒀기 때문이다. OPT 소프트웨어의 가격은 대략 40만 달러였고 소설책은 20달러도 되지 않았으니 충격이 컸을 만도 하다.

골드랫은 기업의 성과를 결정하는 것은 자동화나 정보화가 아니라 '경영 패러다임'이라고 확신했다. 골드랫은 제약(constraints) 중심의 경영 패러다임을 전파하겠다는 신념을 갖고 있었기에 소프트웨어 사업을 주장하는 임원들과 충돌하게 됐다. 결국 그는 자신의 신념을 이루고자 크리에이티브 아웃풋 사를 떠나 1986년에 AGI(Avraham Y. Goldratt Institute) 라는 교육 및 연구 단체를 설립했다. 골드랫은 여러 동료와 함께 《더 골》에 나와 있는 원리를 확장해 TOC라 이름 짓고, 이를 보편적 경영 원리로 발전시켜 나갔다.

이때 제약 중심의 집중 개선 프로세스(1. 제약을 찾는다., 2. 제약의 활용을 극대화한다., 3. 비(非)제약의 운용은 제약 활용을 극대화하는 것을 돕도록 맞춘다., 4. 제약의 능력을 확장한다., 5. 제약이 다른 곳으로 이동했는지 확인하고 1로 돌아간다)가 정리됐다. 이 집중 개선 프로세스의 원리를 활용해 기업 경영의 여러 측면에서 TOC 방법론들이 제시됐다. TOC 생산 경영 방법론인 드럼-버퍼-로프(Drum-Buffer-Rope), TOC 유통망 경영 방법론인 TOC 보충 방식, TOC 프로젝트 경영 방법론인 CCPM 등이 모두 이 집중 개선 프로세스의 원리에 기초하고 있다.

이 같은 TOC 방법론을 적용한 많은 공장은 업계에서 독보적인 성과를 거뒀다. 그런데 그중 일부는 갑작스럽게 상황이 악화돼 문을 닫았다. 그 이유는 다음과 같았다.

이들 공장은 TOC 방법론으로써 공장의 생산성을 향상시킨 결과 회사의 제약이 생산 부문에서 시장 부문으로 이동하게 됐다. 즉, 공장 능력이 시장 수요보다 더 커져버렸다. 시장 수요 창출을 제대로 하지 못한 결과 이들 회사의 안정적 성장이 위협받게 된 것이다.

대부분의 경우 시장 수요 창출을 가로막는 제약은 회사의 잘못된 정책이나 고정관념에 있는데, 이러한 제약(정책 제약이라고 함)을 찾고 해소할 수 있는 체계적 방법은 아직 나와 있지 않았다. 이에 골드랫은 정책 제약을 찾고 타개하기 위한 '사고 프로세스(Thinking Process)'라는 획기적인 접근법을 개발하게 된다. 이 사고 프로세스는 논리 나무(Logic Tree) 다이어그램들을 이용해 문제의 근본 원인을 찾고 이를 창의적으로 해결하는 프로세스다.

사고 프로세스는 1987년 처음으로 개발된 후 계속 발전해 TOC 방법론의 중심축이 된다. 기업 전략, 인사 관리, 마케팅 및 판매 관리의 TOC 방법론은 기본적으로 사고 프로세스를 철저하게 활용하고 있다. 특별히 수요 창출과 관련해서는 TOC 사고 프로세스를 응용해 고객이 거절할 수 없는 조건의 제안(마피아 오퍼(Mafia Offe)라고 함)을 도출하는 프로세스가 개발됐다.

TOC는 지속적으로 발전하고 있다. 골드랫은 2003년 바이어블 비전(Viable Vision, 실현 가능한 비전)을 제시한다. 바이어블 비전이란 회사의 최고 경영층이 TOC를 회사 경영의 핵심 원리로 삼고 운영할 경우 회사는 획기적인 수익성을 내면서 안정적으로 성장할 수 있다는 것이다. 예를 들면 4년 안에 현재의 매출액이 이익이 될 수 있다는 것이다. 바이어블 비전을 이루기 위한 프로세스와 방법론이 골드랫에 의해 제시돼 있으며, 현재 바이어블 비전을 성취한 회사들이 늘어가고 있다.

TOC의 활용은 전 세계적으로 보편화되고 있는 중이다. 특별히 미국, 이스라엘, 유럽, 남아프리카공화국 등지에서 많이 적용되고 있다. 일본에서는 정부 기관과 민간 기업들이 앞장서서 TOC 경영을 도입하고 있다. 제조업뿐만 아니라, 유통업, IT 산업, 공공 기관, 군대, 병원, 학생 교육 등에 적용되고 있고 시간이 감에 따라 적용되는 영역이 넓어지고 있다.

TOC 적용의 성공 사례는 골드랫마케팅그룹의 웹 사이트(http://tocgold ratt.com)에 잘 나와 있다. 국내에서도 TOC 경영을 도입하는 기업이 늘고 있다. 국내 기업의 TOC 적용 사례는 ㈜한국TOC협회의 웹 사이트(http://tockorea.org)를 참고하면 된다.

골드랫 박사의 저술

골드랫 박사는 소설 형식의《더 골 The Goal》(1984)을 출간함으로써 TOC의 근본 원리를 세상에 알렸다. 《더 골》은 출간되자마자 숱한 화제를 낳으며 전 세계적으로 밀리언셀러가 됐다. 이후 골드랫 박사는 TOC 원리를 개발하고 적용 영역을 확장해 나가면서 관련 저서와 학습 교재들을 집필했다. 아래는 대표적 저술 목록이다.

국내 출간 도서

- 《더 골 The Goal》, 제프 콕스 공저, 2002
- 《 더 골 2 It's Not Luck》, 2002
- 《한계를 넘어서 Critical Chain》, 2004
- 《신기술 도입의 함정 Necessary But Not Sufficient》, 엘리 쉬라겐하임 & 캐롤 프택 공저, 2003

국내 미출간 도서

- 《The Race》, with Robert E. Fox, 1986
- 《Theory of Constraints》, 1990
- 《The Haystack Syndrome : Sifting Information Out of the

Data Ocean》, 1990

- 《Production the TOC Way》, 1996

- 《Essays on the Theory of Constraints》, 1998

- 《Late Night Discussions on the Theory of Constraints》, 1998

- 《Project Management the TOC Way》, 1998

- 《TOC - A Self Learning Program》, 2001

- 《Necessary & Sufficient Series》, 2002

- 《Production the TOC Way with Simulator》, 2003

- 《TOC Insights》, with Rami Goldratt, 2003

- 《The Choice》, with Efrat Goldratt-Ashlag, 2008, 2010 (개정판)

- 《Isn't It Obvious?》, with Ilan Eshkoli, Joe BrownLeer, 2009

CCPM이란 무엇인가?

CCPM은 Critical Chain Project Management의 약자로 TOC 기반의 프로젝트 관리법이다. 골드랫 박사가 TOC의 지속적 개선 프로세스 원리를 제조기업의 생산·물류 경영뿐만 아니라 프로젝트 관리에 확대 적용해 탄생한 것이다. 1997년 골드랫 박사가《한계를 넘어서 Critical Chain》라는 기업 소설을 출간함으로써 세상에 알려지게 됐다.

전통적 프로젝트 관리법인 PERT(Program Evaluation and Review Technique)/CPM(Critical Path Method)은 작업 순서의 선후 관계를 고려해 소요 기간이 가장 큰 경로 즉, 크리티컬 패스(Critical Path)를 중심으로 프로젝트 일정 계획을 수립한다. 이에 반해 CCPM은 작업의 선후 관계와 자원의 상호 연관성을 모두 고려해 소요 기간이 가장 큰 경로, 즉 크리티컬 체인을 중심으로 프로젝트 일정을 계획한다.

CCPM은 크리티컬 체인을 프로젝트의 일정을 결정하는 제약으로 보고 크리티컬 체인이 계획한 대로 진행될 수 있도록 프로젝트 전체 역량을 이

곳에 집중한다. CCPM은 이러한 집중 관리의 과정에서 프로젝트에 관련된 사람들의 심리를 올바르게 반영하고 있다. 요컨대 CCPM은 프로젝트의 심리학을 반영한 제약 중심의 프로젝트 관리 프로세스다.

CCPM은 유럽과 미국에서 활발하게 적용돼오다 국내에는 근래 도입되고 있다. 2009년 한국전자통신연구원(ETRI)에서 8개 시범 사업에 CCPM을 도입해 전체 연구 기간의 약 20%를 단축하는 큰 성과를 거뒀다. 한국전력공사에서도 전력연구원을 대상으로 8대 녹색 기술의 성공적 목표 달성을 위한 시범 사업으로 CCPM을 적용해 만족할 만한 성과를 거두고 있으며 연구개발(R&D) 사업에도 CCPM을 확대 적용할 예정이다.

이 같은 추세라면 앞으로 우리나라에서도 CCPM을 적용하는 기업과 공공 기관이 더 늘어날 전망이다.

CCPM 솔루션 소개

CCPM+

미국 API 사(www.advanced-projects.com)에서 제공하는 MS Project 기반에서 작동하는 솔루션이다. 《Critical Chain Project Management》와 《Lean Project Management》의 저자이자 세계적인 CCPM 전문가인 로렌스 리치(Lawrence P. Leach)가 설계한 제품으로 PMI의 PMBOK의 가이드라인을 기반으로 설계되었으며 CCPM 기본 이론을 충실하게 반영했다는 평가를 받고 있다. 하니웰, HP, 모토롤라, 미국 해군 등에서 사용하고 있으며, 국내에는 한국전자통신연구원(ETRI), 한국전력공사, 효성기술원 등에서 사용하고 있다. 메뉴가 한글로 되어 있고 조작이 비교적 쉬우며 숙지하기 용이하다.

Being Management

일본 ㈜Being 사(www.beingcorp.co.jp) 제품이다. 프로젝트 관련 사업을 해오던 회사에서 2006년에 자체 개발한 제품으로 클라이언트/서버 버전만 제공되다가 최근 독립 실행 타입이 개발됐다. 시스템 내에 ODSC라는 시트가 내장돼 있어 프로젝트의 목적, 성과물, 성공 기준 등을 기록할 수 있기 때문에 프로젝트 관리 측면이 강화된 제품이다.

지금까지 약 450개 사(제조, 서비스, IT 산업 등 다양한 산업)에서 채용되고 있으며 비교적 높은 평가를 받고 있다. 주로 건설, 토목 공사 현장에서 많이 사용되는 제품이다.

Concerto

미국 Realization 사(www.realization.com) 제품으로 MS Project와 연동하여 구동된다.

CCPM 이론에 따라 개발됐고 서버 버전으로 기존의 ERP, MRP, SCM 등과 같은 시스템과 쉽게 통합할 수 있으며 IIS 웹 서버를 사용하여 실시간 보고가 가능하다.

매년 Project Flow라는 사용자 컨퍼런스를 개최하여 전 세계에서 이 제품을 사용해 성과를 낸 기업 사례를 발표한다.

ProChain

미국 ProChain 사(www.prochain.com) 제품으로 MS Project 기반으로 구동되는 제품이다. ProChain 사는 CCPM 소프트웨어를 최초로 만든 회사로서 《Project Management in the Fast Lane》과 《Billion Dollar Solution : Secrets of Prochain Project Management》의 저자인 로버트 뉴볼드(Robert C. Newbold)가 대표다. 현재 버전 9.0이 출시돼 있으며 포춘 500대 기업 등 800여 개 조직에서 하이테크, 제약, 의학 장비, 소비재 산업, 국방 항공 분야에서 활용하고 있다. ProChain 사용자 컨퍼런스를 매년 개최하고 있다.

PS8

미국 Sciforma 사(www.sciforma.com) 제품으로 자체적으로 구동되는 프로젝트 관리 솔루션이다. 다른 솔루션들이 CCPM 방법론을 위한 CCPM 전용 솔루션인 것과 달리 PS8은 프로젝트 포트폴리오 관리 등 프로젝트 관리 전반에 관련된 솔루션으로 일정 계획 수립 방법론의 하나로 CCPM 기능을 제공하고 있다.

cc-Pulse

미국 Spherical Angle 사(www.sphericalangle.com)의 CCPM 솔루션으로 MS Project 기반으로 운영된다. CCPM 전문가인 토니 리조(Tony Rizzo)와 스콧 버튼(Scott Button)이 개발했다. 단일 프로젝트뿐만 아니라 다중 프로젝트를 위해 별도 솔루션을 제공하고 있으며 다른 CCPM 솔루션과 달리 MS Project EPM(Enterprise Project Management)을 기반으로 해 전사적으로 다중 프로젝트 환경에서 운영할 수 있다.

엘리 골드랫(Eliyahu M. Goldratt) 박사께 진심으로 감사드린다. 골드랫 박사는 일본 방문 중 시간을 내 친절하게 일대일로 나를 지도해주고 내 성과를 격려했으며 책을 써보라고 동기를 주셨다.

크리티컬 체인 프로젝트 관리에 대해 아피니투스 그룹(Afinitus Group)의 절친한 친구인 데이비드 업데그루브(David Updegrove), 힐버트 로빈슨(Hilbert Robinson), 로저 모리슨(Rodger Morrison), 일레인 프로스트(Elaine Frost), 그리고 골 시스템 컨설팅(Goal System Consulting)의 사토루 무라카미(Satoru Murakami)로부터 값진 조언과 지도를 받았다. 이 기회를 빌려 모두에게 감사드리고 싶다.

현장의 시각화로부터 자율적 개선을 위한 경영의 시각화로 전진하기 위한 지도 원리에 대해 값진 조언을 해주신 추부(Chubu) 지역 품질관리협회의 타다시 오니시(Tadashi Onishi) 회장께도 감사드린다.

사랑스러운 아내 마유코는 여러 아동용 그림책의 저자인데 항상 나에게 영감을 줬다. 이번 책을 집필할 때도 그녀는 책 내용에 맞춰 벌레들을 그려줬다. 아내는 많은 것을 짧은 문장으로 표현해 항상 나를 놀라게 했다. 독자들에게 이 책이 이해하기 쉽고 친근하게 느껴졌다면 그녀의 값진 조언 덕분이다.

| 참고문헌 |

Goldratt, E.M., 《Critical Chain》, The North River Press, 1998

Goldratt, E.M., 《The Goal》, 2nd revised edition, The North River Press, 1992

Kanai, T., 《Motivation theory for All Working People》, NTT Publishing, 2006(In Japanese)

Kishira, Y., 《Project Management to Exceed Your Goal》, Chukei Publishing, 2005(In Japanese)

Kishira, Y., 《Transformation Management》, Chukei Publishing, 2006(In Japanese)

Kishira, Y., 《Win-Win-Win Public Work Management Tranformation》, Chukei Publishing, 2007(In Japanese)

Ohara S., 《Project & Program Management for Enterprise Innovation》, H&I, 2002(In Japanese)

Ohno, Taiichi., 《Toyota Production System》, Productivity Press, 1988

〈Oxford advanced learner's Dictionary〉, 6th Revised ed, Oxford University Press, 2002